高等职业技术教育"十三五"规划教材——铁道机车类

电力机车运用与管理

（第 2 版）

主　编　李建龙　张红涛
副主编　钟恩松
主　审　刘连成

西南交通大学出版社
·成都·

图书在版编目（CIP）数据

电力机车运用与管理 / 李建龙，张红涛主编. —2 版. —成都：西南交通大学出版社，2018.1（2023.2 重印）
ISBN 978-7-5643-6025-2

Ⅰ. ①电… Ⅱ. ①李… ②张… Ⅲ. ①电力机车 – 行车组织 – 高等职业教育 – 教材 Ⅳ. ①U264

中国版本图书馆 CIP 数据核字（2018）第 013004 号

电力机车运用与管理
（第 2 版）

主　编 / 李建龙　张红涛　　　　责任编辑 / 周　杨
　　　　　　　　　　　　　　　封面设计 / 墨创文化

西南交通大学出版社出版发行
（四川省成都市金牛区二环路北一段 111 号西南交通大学创新大厦 21 楼　610031）
发行部电话：028-87600564
网址：http://www.xnjdcbs.com
印刷：四川煤田地质制图印刷厂

成品尺寸　185 mm×260 mm
印张　10.5　字数　262 千
版次　2018 年 1 月第 2 版　　印次　2023 年 2 月第 7 次

书号　ISBN 978-7-5643-6025-2
定价　28.00 元

课件咨询电话：028-81435775
图书如有印装质量问题　本社负责退换
版权所有　盗版必究　举报电话：028-87600562

第 2 版前言

本书是根据铁路高职教育电力机车驾驶专业教学计划以及 2014 版《铁路技术管理规程》所编写，此次改版充分反映了我国铁路第六次大提速以后，在普速铁路、重载铁路建设和运营方面的最新内容和要求，铁路技术设备的最新变化，以及铁路运输组织方式不断改进和提高后对作业程序和作业方法的新要求。

全书共分为六个项目，每个项目的内容后有本项目小结和复习思考题及部分工作实例，与教材内容和实际工作紧密结合。本书在提高机务运用管理干部的工作水平和技术人员、机车乘务员的素质及业务水平，加强机车运用、安全基础管理工作，充分利用机车管理和调度指挥新技术装备，提高机车运用效率，适应铁路运输组织需要，提高机车乘务人员的安全行车意识，加强对行车规章的学习，强化工作技能的培训等方面有着积极的作用。

本书由郑州铁路职业技术学院张红涛编写项目一、钟恩松编写项目二，单绍平编写项目三、李建龙编写项目四、雷成编写项目五、毕红雪编写项目六，由郑州铁路局刘连成主审。

由于编者水平有限，不妥之处在所难免，希望读者批评指正。

编　者
2017 年 11 月

目 录

项目一　机车的管理与运用 1
　　任务一　机车运用的组织机构及职责 1
　　任务二　机车运用管理 4
　　任务三　机车交路及机车运转制 8
　　任务四　机车乘务组与乘务制度 11
　　任务五　机车周转图 16
　　任务六　机务段配属机车台数、检修率的计算 23
　　任务七　电力机车整备作业 25

项目二　编组列车 29
　　任务一　编组列车的一般要求 29
　　任务二　列车中机车的编挂及单机挂车 31
　　任务三　列车中车辆的连挂 34
　　任务四　列车中"关门车"的编挂 37

项目三　行车闭塞法 40
　　任务一　概　述 40
　　任务二　自动闭塞 43
　　任务三　半自动闭塞 46
　　任务四　自动站间闭塞 47
　　任务五　电话闭塞 48

项目四　铁路行车信号 54
　　任务一　铁路行车信号的基本要求 55
　　任务二　固定信号 59
　　任务三　机车信号 80
　　任务四　移动信号 86
　　任务五　手信号 90
　　任务六　信号表示器及信号标志 106
　　任务七　听觉信号 125

项目五 列车运行 ··· 130
任务一 列车运行的基本要求 ··· 130
任务二 列车在区间被迫停车的处理与防护 ··· 133
任务三 列车的分部运行与退行 ··· 137
任务四 救援列车与路用列车的开行 ··· 139
任务五 列车发生火灾、爆炸及汛期 暴雨行车应急处理 ··· 142
任务六 列车在区间发生伤亡事故的处理 ··· 143

项目六 机车运用指标 ··· 146
任务一 机车运用数量指标 ··· 147
任务二 机车运用质量指标 ··· 149
任务三 机车运用分析 ··· 156

参考文献 ··· 162

项目一　机车的管理与运用

【项目描述】

铁路是国家重要的基础设施、国民经济的大动脉、交通运输体系的骨干，是大运力、低成本、环保型的交通运输方式，在全面建设小康社会的进程中肩负着重要的历史使命。铁路要适应和促进国民经济发展与社会进步，保障国防建设的需要。

机车是铁路运输的牵引动力，机车运用工作是铁路运输的重要组成部分；搞好机车的运用工作，经济、合理地利用机车，提高机车各项运用指标，是运用工作的目标。

机车运用工作的基本任务是：管好用好机车，优质高效地全面完成运输生产任务；加强安全管理，确保行车和人身安全；加强职工队伍建设，不断提高职工的政治素质、技术素质和文化知识水平；坚持改革开放，推广先进经验，遵循经济规律，促进资产回报，不断提高机车运用效率。

各级机车运用人员应具备高度的责任心和求实精神，热爱本职工作；对工作高标准、严要求，对技术精益求精；顾全大局，联劳协作，服从命令听指挥；深入实际，调查研究，扎扎实实地做好各项工作。

机车运用管理要积极采用现代化管理手段，建立健全准确无误、反应快速的通信网络、信息采集网络和数据处理计算机系统，实现网络化、有序可控的运用管理。

【教学目标】

1. 能力目标
（1）能看懂列车运行图和机车周转图。
（2）会计算机车检修率。
2. 知识目标
（1）掌握机务工作中常用的一些专业术语。
（2）掌握机车检修制度、检修周期和整备作业的内容。
3. 素质目标
（1）培养敬业爱岗、遵章守纪、乐于奉献的职业精神。
（2）养成安全第一、以质量促安全的职业规范。

任务一　机车运用的组织机构及职责

【教学目标】

1. 能力目标
要求学生能了解机车运用组织机构及职责。

2. 知识目标

掌握机务段、机务折返段和折返点的特点；掌握安全生产的相关知识。

3. 素质目标

培养学生爱岗敬业、善于思考的能力。

【工作任务】

本次工作的主要任务是：通过本任务的学习，使学生对机务工作有初步的认识，对于机务段、折返段和折返点能区分清楚，并对安全生产有初步的了解。

【相关配套知识】

机车运用工作必须贯彻统一指挥、分级管理的原则，充分发挥各级运用组织的职能作用。

一、机车运用的组织机构及职责

机务段按照其担当的运输生产任务、机车检修任务及设备规模，可分为机务本段、机务折返段及机务折返点三种。

（一）机务本段（又称机务段）

机务段具有以下特点：
（1）配属有一定数量的干线机车和调车机车。
（2）有一整套机车运转整备设备和一定能力的机车检修设备。
（3）担当指定区段内的列车牵引作业和编组站、区段站及沿线较大中间站的调车作业。
（4）负责机车的运转整备作业和日常保养工作，担当一定的机车检修任务。

机务段按其工作性质不同，可分为货运段、客运段及客货混合段。根据其设备及检修工作量不同，可分为大修机务段、中修机务段及小修机务段，中修机务段也承担少量的扩大中修和大修。

机务段实行段长负责制和段内各级领导负责制、专职人员负责制及工人岗位责任制。

机务段的机车管理工作主要分属于机车运用和机车检修两大车间。运用车间也称运转车间，负责组织乘务员工作和机车的运用及机车整备作业，并根据计划安排检修机车的扣车和组织机车中间技术检查作业或进行状态修各级检查作业等。运用车间的地勤行修组也有少量的检修工人，以处理机车临修故障及对机车进行日常维护工作。

为了及时处理行车事故、起复机车车辆、及时开通线路、恢复行车，在机务段一般设有救援列车。沿线如发生行车事故，救援列车可随时开出进行处理，以迅速恢复正常行车。机务段内设置救援列车办公室，专门负责救援列车的维护使用及救援列车人员的组织管理工作。

（二）机务折返段

机务折返段组织成员和业务工作均属机务段领导，一般不配属机车，不担当机车交路，仅担当本段或其他段折返机车的整备作业并组织乘务员出退勤和待乘休息。根据整备工作量的不同，折返段设置全部或部分机车运转整备设备，不设机车检修设备。在特殊情况下，机务折返段也支配少量的机车，担任较小工作量的机车交路、小运转和调车业务，为了适应所支配机车的需要，段内设置部分机车临修设备，而机车的小修作业由所属的机务段承担。机务折返段按照有无支配机车，可称为有支配机车折返段和无支配机车折返段。

（三）机务折返点（又称机务整备所）

机务折返点是为担当补机、调机、小运转机车等的部分整备作业而设置的，机车在折返点为等待工作仅作较短时间的停留。在折返点不设公寓，仅有相应的管理机构及少量的管理人员。

二、安全管理基本要求

安全生产是铁路运输的生命线。机务安全是运输安全的重要组成部分。机务安全工作必须认真贯彻落实国务院、铁路总公司[①]有关安全生产的决定、命令和指示，全力以赴地抓好运输安全，高质量地完成运输生产任务，保证铁路运输的安全是铁路运输的最核心宗旨。

机务安全是机务部门的职工素质、设备质量、基础工作和管理水平的综合反映，是一项复杂的系统工程。抓好机务安全必须统筹兼顾、综合治理，既要重视安全管理和安全教育，又要重视安全设备科技开发。

机务段应经常对机车乘务员进行安全教育和规章教育，特别要针对本部门安全工作中存在的问题，结合发生的典型事故案例，对乘务员进行规章教育，以增强安全意识和对规章制度的理解。

机务分处（科）对所属机务段的机车乘务员应每半年组织一次规章闭卷考试，成绩记入个人技术培训档案，作为提职晋级的条件之一。对成绩突出的应给予表扬或奖励；对不及格的要进行脱产培训，培训后仍不及格的调离乘务工作。

机务安全要贯彻"标本兼治、预防为主"的方针。各级机务干部和专业技术人员要经常深入第一线，添乘机车、调查研究、掌握信息，针对每个时期出现的关键问题和事故隐患及时采取措施，将事故消灭在发生之前。

各级机务部门要坚持定期的安全分析制度，建立机车乘务员、机车组（轮乘制的机班）、机车队的安全台账，对防止事故有功和创出长期安全成绩的集体和个人要及时进行表彰和奖励，对安全生产中出现的关键问题要深入分析，找出规律，及时进行处理。

机务安全工作应以防止列车冒进信号为主线，除认真贯彻执行《铁路技术管理规程》《机车操作规程》《铁路行车事故处理规则》及铁路总公司所公布的决定、命令之外，还应制定落实下列基本制度：

（1）机务段、运用车间安全例会制度。
（2）机务段干部安全管理工作的五定三率工作及考核奖励制度。
（3）列车运行监控记录装置各项管理制度。

---

① 2013年3月，根据第十二届全国人民代表大会第一次会议审议的《国务院关于提请审议国务院机构改革和智能转变方案》的议案，铁道部实行铁路政企分开，将铁道部拟订铁路发展规划和政策的行政职责划入交通运输部；组建国家铁路局，由交通运输部管理，承担铁道部的其他行政职责；组建中国铁路总公司，承担铁道部的企业职责；不再保留铁道部。

（4）指导司机安全管理制度。
（5）机车乘务员待乘休息管理制度。
（6）一次出乘作业标准。
（7）瞭望及呼唤应答制度。
（8）人身安全及电气化铁路安全制度。

以上除"行车途中呼唤应答"制度由铁路总公司统一制定外，其余由铁路局制定并下达执行。

任务二　机车运用管理

【教学目标】

1. 能力目标

要求学生能区分机车的分类。

2. 知识目标

掌握机车配属制度；掌握机车周期修的修程；了解机车状态修。

3. 素质目标

培养学生爱岗敬业、善于思考的能力。

【工作任务】

本次工作的主要任务是：通过本任务的学习，使学生掌握机车的配属制度，并能对机车进行分类，对于目前普遍实行的机车周期修有透彻的认识，并了解先进的状态修。

【相关配套知识】

我国铁路机车仍在实行配属制度。所谓配属制度，就是铁路总公司根据运输任务的需要和运输设备条件等因素将机车配属给各铁路局使用和保管的制度。各铁路局又将机车配属给所属的机务段，以完成运输生产任务。

一、机车的配属与使用

在机车的运用管理过程中，为了有效地管理与合理地运用机车，铁路总公司及铁路局每年在制定年度计划时，要确定各局、段配属机车的台数和类型，并做出路网现有机车的调整方案，这样就产生了一个机车的配属关系问题。

（一）确定机车配属的原则

（1）近期与远期相结合，满足运输需要，符合牵引动力发展规划的要求。
（2）力求机型集中统一，便于使用、修理。
（3）合理使用机车，注意平衡相邻区段的牵引定数。
（4）适应列车编组计划的分工及运输设备的基本条件。

（二）机务段的电力机车区分

机务段的现有机车按照配属关系分为：配属机车和非配属机车。

（1）配属机车：根据铁路总公司、铁路局配属命令，拨交铁路局（包括自购）及机务段保管、使用，涂有局、段标志并在资产台账内登记的机车。

（2）非配属机车：指原配属关系不变，根据铁路总公司、铁路局命令，由他局、段派至本局、段入助及临时加入支配（含长交路轮乘）的机车。

机务段的现有机车按指挥使用权限可划分为两大类，一类是本段可以支配的，称为支配机车；另一类是本段无权支配的，称为非支配机车。

（1）支配机车：根据上级部门命令拨交各铁路公司、段支配使用的机车，包括入助和临时加入支配（含长交路轮乘）的机车。

（2）非支配机车：根据铁路公司管理命令批准的长期备用、出助的机车以及按租用合同办理的出租机车。

机务段的支配机车按照机车的工作状态，又可分为运用机车与非运用机车两种。

（1）运用机车：为参加各种运用工作的机车。包括担当工作以前必须进行必要的准备工作、等待工作的机车，以及经铁路总公司、铁路局命令批准的其他工作的机车。

（2）非运用机车：指未参加运用工作的机车。包括备用、检修及经铁路总公司、铁路局命令批准的其他机车。

机务段因受运输任务的变动或由于机车运用效率的提高，运行机车有多余时，应将多余的机车转入非运行机车内作为备用机车，以提高机车运用指标。

机车使用年限应按《铁路运输企业资产管理办法》的规定执行（目前为 16 年），原则上不能逾期运用；确需逾期使用的最长不得超过 4 年。

机务段配属机车分类情况如图 1-1 所示。

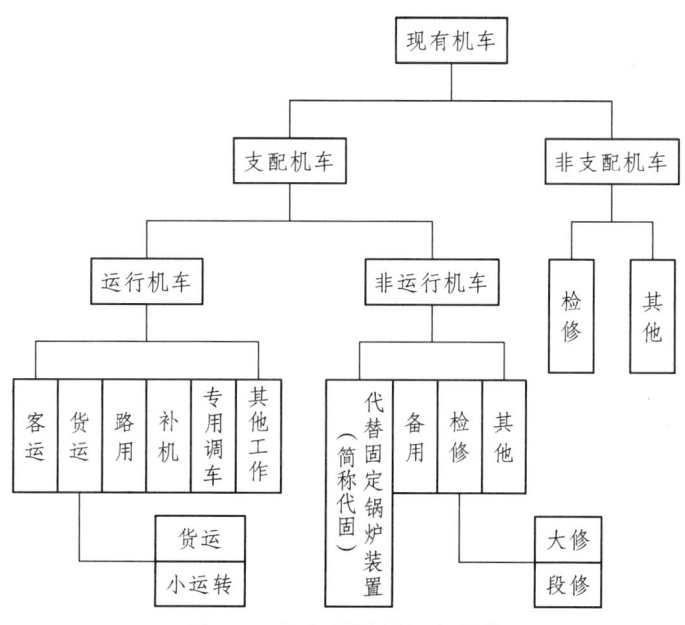

图 1-1　机务段配属机车分类

二、机车段修计划的编制

电力机车作为铁路运输的牵引动力设备,自其制造落成交付使用以后就有一个保养、检查、修理工作相伴而生。机车运用与修理是周期性进行的。机车通过定期检修来消除各零件、部件及机组在运用中的损伤,经常保持和不断恢复机车的基本技术性能,保证机车正常运用,从而能安全、正点、优质、高产、低成本地完成运输生产任务。

机车的修理计划由机务段技术科负责,会同检修、运用两车间共同编制。编制机车修理计划时,应依据修程范围、两次修理间机车走行公里标准或期限,并根据机车的实际技术状态、运输任务、修理业务等情况通过机车走行公里的推算,经过综合平衡,安排确定机车的中修、小修和辅修计划日期。中修计划应尽量做到均衡进车,以保证检修车间有节奏的生产,并不致造成运用机车台数太大的波动。

目前,我国普遍实行的电力机车周期修共分为大修、中修、小修、辅修四级,其中的中修、小修和辅修为段修修程。

大修:机车全面检查修理,恢复机车的基本质量状态。

中修:机车主要部件检查修理,恢复其可靠使用的质量状态。

小修:机车关键部件和易损易耗零部件检查修理,有针对性地恢复机车的运行可靠性。有诊断技术条件者可按其状态进行修理。

辅修:机车例行检查,做故障诊断,按状态修理。

各修程安排如图 1-2 所示。

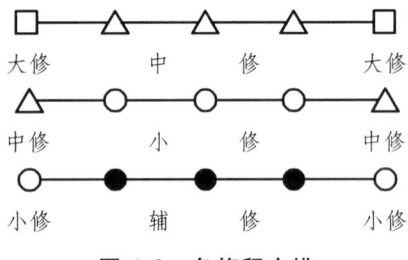

图 1-2 各修程安排

(一)各级修程的周期

各级修程的周期,应按非经该修程不足以恢复其基本技术状态的机车零部件,在两次修理之间保证安全运用的最短期限确定。根据当前机车技术状态及生产技术水平,电力机车检修周期规定如下:

表 1-1 电力机车检修周期规定

	客、货运本务机车	补机和小运转机车
大修	160~200 万 km	不少于 15 年
中修	40~50 万 km	不少于 3 年
小修	8~10 万 km	不少于 6 个月
辅修	1~3 万 km	不少于 1 个月

小、辅修周期为参考值，各局可根据机车实际技术状态自行确定。中修周期各局可根据"内燃、电力机车段修管理规程"规定的范围，结合客、货运输任务及各地运用条件的具体情况确定，并报铁路总公司核备。

为了不断提高机车的使用效率，应认真掌握机车状态的变化规律，在保证机车质量的前提下，经报铁路总公司批准后，允许铁路局进一步延长机车或部件的检修周期和进行检修周期新的计算方式（如运行时间）的尝试，实行"弹性周期计划修"或"定期检查状态修"，但危及行车安全的部件必须严格按周期检查和修理，可不与机车修程同步。

（二）检修计划及检修范围

机车检修应按计划进行。检修计划由机务段技术科（室）负责会同检修、运用车间，根据机车走行公里和实际技术状态以及检修、运用车间的生产情况等进行编制，按照程序审批后下达实施。

1．小修及辅修计划

机车小修及辅修月度或旬（周）计划应在月或旬（周）开始前 3~5 天提出，经机务段段长批准，报铁路局核备后执行。运用车间要于机车修程开工 48 h 前填好"机统-28"，并于 24 h 前交检修车间。

2．中修计划

机务段应在每年度开始前 85 天编制出次年分季的年度机车中修计划并报铁路局。机务段每季度开始前 45 天编制出分月的季度中修计划并报铁路局，铁路局审查、平衡、批准后，于季度开始前 30 天下达到承修段，并通知委修段。委修段于月度开始前 25 天将中修机车不良状态书寄给承修段。承修段于每月开始前 10 天，编制出中修施工月计划，报铁路局审核后执行，并通知委修段按计划送车。

3．检修范围

机车各级段修修程必须有科学合理的检修范围（含探伤范围、验收范围、配件互换范围），并认真贯彻执行。

辅修范围由机务段负责编制并确定。

小修范围由机务段负责编制，报铁路局审批备案。

中修范围由铁路局组织编制，报铁路总公司备案。

段修范围应由编制单位根据执行中出现的机破、临修、碎修、超范围修等情况定期组织修订。

4．段修范围

机车段修范围编制的依据是：段修周期；各机组、部件的技术要求；机车状态的变化规律；原范围执行情况。

（三）机车小修注意事项

在编制机车小修计划时，应注意下列事项：
（1）根据段检修能力，坚持包修负责制，考虑运用机车保有台数，合理安排客、货、调、小各机型的定期检修。
（2）节假日期间应调整，可适当安排提前进行。
（3）机车质量需要提前整修时。
（4）由于检修能力所限，机车走行千米已接近定检，无法安排时可转入备用。
（5）由于运行秩序不正常，机车走行千米发展不平衡，日常应加强掌握，在日班计划进行调整，防止发生超、欠公里现象。
（6）机车调度及机务段机车调度员应加强3日计划的掌握，确保兑现。并调整回库交路，组织按线回库。

三、机车状态修简介

目前，在我国的部分电力机务段中已实行了更为先进、灵活的状态修形式，对电力机车进行技术检修。

状态修就是"计划检查、状态修理"的简称，其作业类型分为：段修、Ⅰ级检查、Ⅱ级检查。

状态修是根据可靠性理论和全员生产维修（TPM）方法，结合电力机车特点而做出的机车检修制度的改革。

状态修时，机车进行Ⅰ、Ⅱ级检查的走行千米及停时标准：
Ⅰ级检查：0.5~1.5万km，停时：2 h；Ⅱ级检查：3~7万km，停时：10 h。
状态修的检查周期安排：
其中段修间隔走行公里：50~90万km，修程停时：5天（不包括喷漆时间）。
状态修的优点：修程走行公里标准伸缩性大，机动灵活，对提高综合经济效益和社会效益、改善机车质量、减少机车库停时间、缓和运输能力和设备通过能力紧张矛盾、同步实现机车质量和职工素质良性循环等方面有着显著的效力。

任务三　机车交路及机车运转制

【教学目标】

1. 能力目标
要求学生能看懂机车交路图。
2. 知识目标
掌握机车交路定义和机车运转制度。

3. 素质目标

培养学生爱岗敬业、善于思考的能力。

【工作任务】

本次工作的主要任务是：通过本任务的学习，使学生掌握机车交路和机车运转制度，并能正确看懂机车运转示意图。

【相关配套知识】

一、机车交路

铁路机车牵引列车基本上是按区段接续进行的。机车固定担当运输任务的周转（往返）区段称机车交路，又称机车牵引区段。

图 1-3 为机车交路示意图。从机务段到折返段间的距离 L_1、L_2、L_3 即为交路长度。图中 A、D 为机务段所在站，B、C 为折返段所在站。

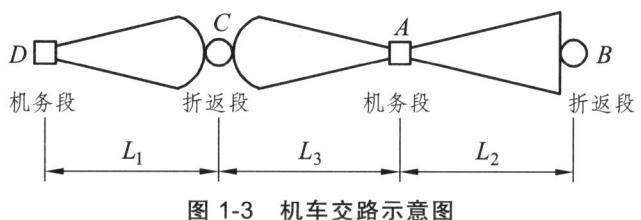

图 1-3 机车交路示意图

一个机务段担当机车交路的数量，根据机务段在路网中的位置及运输任务可为一个或几个。在图 1-3 中，B、C 为机务段 A 的折返段，所以说 A 机务段担当两个机车交路。显而易见，机务段担当的交路数多、交路长，则对减少铁路建设投资和铁路运输费用以及提高机车运用效率是非常有益的。但是确定机车交路是一个比较复杂的工作，必须同时考虑到现有线路情况，牵引动力的种类、机型，编组站的分布及分工，行车组织的特点及货流方向，沿线的自然条件和生活条件等因素。

（一）确定机车交路的基本原则

确定机车交路的基本原则，在《运规》中规定：
（1）适应铁路发展的需要，本着节约投资的方针，有利于提高线路通过能力。
（2）考虑运输组织和编组站的分工，合理发挥内燃、电力机车长距离运行的优势。
（3）统筹安排乘务员劳动和休息时间，合理利用各类机车的性能，提高机车运用效率。
（4）近期与远期相结合，适应铁路发展的远期规划。

机车交路按用途分为客运机车交路和货运机车交路；按区段长度不同分为一般机车交路和长交路；按机车运转制分为循环运转制、半循环运转制、肩回式和环形小运转制交路等。

根据铁路技术政策，内燃、电力机车尽量采用长交路。

目前，我国铁路的机车交路长度一般在 200 km 左右，随着铁路牵引动力向内燃、电力机车牵引过渡，机车交路的发展方向将是长交路，一般电力机车牵引区段的交路长度可达 500 km 以上。

（二）机车交路的图例说明（见图 1-4）

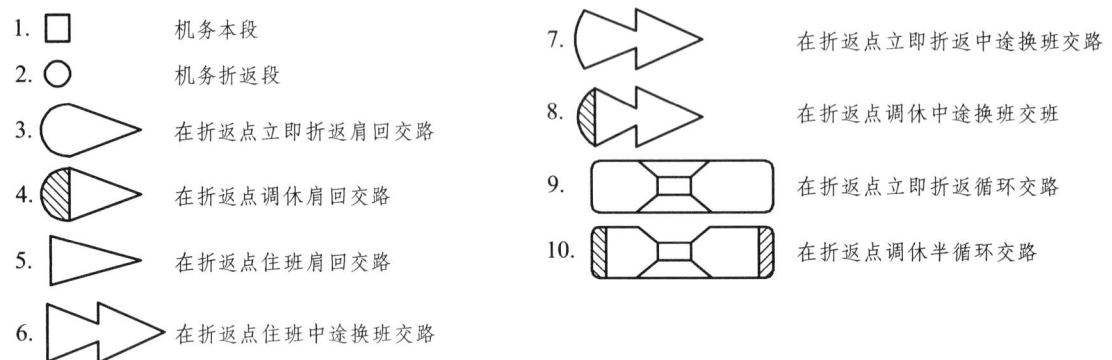

1. □ 机务本段
2. ○ 机务折返段
3. 在折返点立即折返肩回交路
4. 在折返点调休肩回交路
5. 在折返点住班肩回交路
6. 在折返点住班中途换班交路
7. 在折返点立即折返中途换班交路
8. 在折返点调休中途换班交班
9. 在折返点立即折返循环交路
10. 在折返点调休半循环交路

图 1-4 机车交路的图例

二、机车运转制度

机车在交路上从事列车牵引作业的方式称为机车运转制，它是组织机车运用、确定机车整备设备布置、决定机车全周转时间并影响铁路运输工作效率的重要因素。机车运转制可分为肩回、循环、半循环、环形四种运转制度。为了提高机车运用效率，应广泛采用循环或半循环运转制。

（一）肩回运转制

肩回运转制指机车由本段出发，从本段所在站牵引列车到折返段所在站，进入折返段进行整备及检查作业，然后牵引列车回本段所在站，再进入本段进行整备及检查作业。机务本段担当两个方向相反的机车交路的称为双肩回运转制（见图 1-5）。

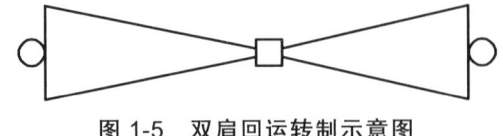

图 1-5 双肩回运转制示意图

在这种情况下，机车一般只要在一个牵引区段内往返一次，就要进入本段一次，如图 1-5 所示。

（二）循环运转制

机车从本段所在站出发，在一个牵引区段（如甲—乙间）上往返牵引列车后回到本段所在站（甲站），机车不入段，仍继续牵引同一列车或换挂另一列已准备好的车列，运行到另一牵引区段（如甲—丙间）的折返段所在站（丙站），再从丙站牵引列车返回乙站。这样，机车在两个牵引区段上牵引列车循环运行，平时不进本段，直到机车需要进行检修时才入本段，这种方式叫全循环运转制，如图 1-6 所示。图 1-7 是另一种循环运转制示意图，是机车乘务员在折返段进行调休的循环运转制。

图 1-6　循环运转制示意图（一）　　　　图 1-7　循环运转制示意图（二）

循环运转制的优点是：机车运用效率较高，能够加速机车的周转，并减轻车站咽喉的负担。缺点是：占用到发线时间较长，站内要设整备设备，对机车质量要求较高。

（三）半循环运转制

如果机车牵引列车在两个牵引区段上周转循环一次就入本段一次进行整备、检查，就叫半循环运转制，如图 1-8 所示。

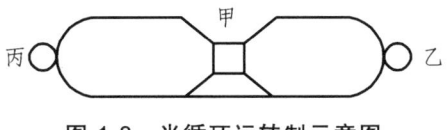

图 1-8　半循环运转制示意图

（四）环形运转制

机车出段后，在一个或几个方向担当若干次往返作业后，机车辅修或小、中修，或者机车需要整备作业时，机车才入本段进行整备作业，如图 1-9 所示。这种交路适用于近郊列车、通勤列车、环形列车或小运转列车。

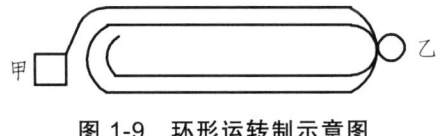

图 1-9　环形运转制示意图

任务四　机车乘务组与乘务制度

【教学目标】

1. 能力目标

能按照规定乘务方式出乘。

2. 知识目标

掌握机车乘务制度和乘务方式；了解乘务员劳动和休息标准。

3. 素质目标

培养学生爱岗敬业、善于思考的能力。

【工作任务】

本次工作的主要任务是：通过本任务的学习，使学生掌握机车乘务制度和乘务方式，并了解乘务员劳动和休息标准。

【相关配套知识】

一、机车乘务组

每台运用机车由乘务员小组担当机车的操纵和保养工作，乘务员小组统称为机车乘务组。

机车乘务组的组成因机车类型及乘务制的不同，有的机车乘务组人数较多，有的人数少。我国《运规》规定：铁路配属机车（代固机车除外）必须有车有人，并有一定的预备率、在职培训率和后续培养率。

机车乘务员每班的配备：蒸汽机车每班设司机、副司机、司炉各一人；内燃、电力机车每班设司机、副司机各一人；实行双司机值乘的，每班设司机二人。双节重联时，设司机一人，副司机二人（无重联线的除外）。实行轮乘制的乘务机班要固定，不得任意拆散。实行包乘制的机车，每台机车设司机长一人；实行轮乘制的每3～5班可设轮乘司机长一人。司机长在每台机车乘务组中选拔较优秀的司机担当。

机车乘务员是铁路运输的主要工种。要做到不分昼夜，不误分秒，按乘务作业标准要求安全驾驶机车战斗在运输第一线，任务艰巨而光荣。因此，机车乘务员必须具备下列条件：

（1）思想品德好，热爱并能够胜任本职工作。

（2）身体健康，符合部定机车乘务员体格检查所要求的标准，新任机车乘务员年龄原则为18～25周岁。

（3）具有中专（技）毕业以上的文化程度。

（4）技术业务水平，达到部定机车乘务员"应知应会"的标准。

机车司机的主要职责是：在机车队和司机长领导下，组织本机班按列车运行图行车，认真执行规章制度，确保安全正点、平稳操纵、质量良好地完成运输任务；搞好机车保养，努力节约煤、油、水、电；正确及时地填写司机报单和机车检修登记簿等原始资料。

机车副司机的主要职责是：在司机的领导下，认真执行一次乘务作业程序，做好机车检查、给油、保养和自检自修，负责机车及工具清洁完整，经济使用燃料、油脂。

二、乘务员的劳动和休息时间标准

为了保证机车乘务员在工作时精力充沛，注意力集中，从而更有效地完成运输生产任务，各级领导应关心机车乘务员的实际工作条件,保证乘务员能充分地休息。为此,铁路总公司制定的《运规》中规定了乘务员的劳动和休息时间标准。

1. 机车乘务员劳动时间

一次连续工作时间标准(包括出、退勤工作时间,以下同),客运列车不得超过 8 h,货运列车不得超过 10 h。机车乘务员的便乘时间不计入连续工作时间内(随货运列车或无卧铺客运列车便乘时除外)。

2. 机车乘务员休息时间

机车乘务员的经常居住地点应在机务段所在地。

在本段休息时间不应少于 16 h。

外段调休时间不得少于 5 h(其时间的计算为到达公寓签到休息至叫班时止,下同);在外段驻班休息时间不得少于 10 h;轮乘制外段换班继乘休息时间不得少于 6 h。

严格防止机车乘务员超劳。在编制列车运行图时不准出现超劳。各级行车调度、机车调度要根据列车实际运行情况,准确掌握叫班时间。密切注意列车运行情况,遇特殊情况超劳时,要尽快采取措施。

实行轮乘制的机车乘务员每月应有 1~2 次 48~72 h 的大休班时间。

三、机车乘务制度

机车乘务制度是机车乘务员使用机车的制度,分为包乘制、轮乘制和轮包结合制。

蒸汽机车适用于包乘制。班制配置一般为三班制、三班半制和四班班制。班制的选择应符合部定机车乘务员劳动时间标准和运输的需要。

内燃、电力机车适用于长交路、轮乘制和轮包结合制。为了发挥内燃、电力机车的优势,提高运输能力和运输效率,内燃、电力机车应有计划地逐步实行长交路、轮乘制和轮包结合制。

(一) 包乘制

实行包乘制时,将一台机车分配给固定的几个机车乘务组,这几个机车乘务组称为机车的包乘组。实行包乘制的机车,每台机车设司机长一人。机车包乘组在司机长领导下,负责所包机车的运用、安全、保养、节约、整备、验收、保管、交接等工作,以保证质量良好地完成运输生产任务。也就是说机车包乘组负有对所包机车的包用、包养、包管全部责任。包乘制中还有跨段对包的形式,机车采用长交路,两个段的乘务组对包机车。

包乘制的特点是:

(1)加强了乘务员对机车保养的责任心,有利于机车的保养工作,保证机车经常处于良好的技术状态,能质量良好的投入运用。

(2)乘务员熟悉所包机车的性能特点,有利于钻研和发挥操纵技术。

(3)为机车的运用管理工作提供了方便的条件。

新中国成立以来，包乘制取得了显著的成果。但是，因为机车的利用程度受到包乘组工作时间的限制，机车有时需在段内长时间停留，以保证机车乘务员足够的休息时间，这样就造成机车的生产时间不能充分利用，因而降低了机车的运用效率。

（二）轮乘制和轮包结合制

近年来，随着牵引动力的改革，在内燃、电力机车整备作业量少、运行距离长的条件下，我国逐步实行了轮乘制和轮包结合制。

轮乘制是指机车不分配给固定的机车乘务组，而是将机务段全体机车乘务员和全部机车统一组织，集中使用，按照歇人不歇车的循环轮乘管理体制，由许多机车乘务组轮流使用全部机车。由于机车和乘务组之间没有固定关系，机车工作时间的利用不受机车乘务组的牵制，所以能更为合理和高效地使用人力和机车。

轮包结合制是轮乘制的另一种形式，它综合了包乘制和轮乘制的优点，更有利于发挥长交路的优势，弥补轮乘制保养工作不易落实、机车技术状态较差的缺陷。采用轮包结合乘务制度的方法一般是本段出发为包乘机班，外段折返为轮乘机班。

我国电力机车的机车乘务制度大多采用轮乘制。在轮乘制中由于实行中途轮班、循环轮乘、歇人不歇车的接力运转方式和机车乘务组采取顺序出乘，便于适当安排其休息时间。所以，机车运用效率大大提高。调查资料表明，实行轮乘制较包乘制可节约机车1/7左右，并使乘务员的劳动生产率提高25%~30%。因此，如果和电力机车适于长交路运行的特点结合起来看，轮乘制便是一种优越的、技术指标高、经济效果明显的、有发展前途的机车乘务制度。

轮乘制同包乘制比较有突出的优越性，具体表现为：

（1）便于合理掌握机车乘务员的作息时间，实行长交路运行，提高乘务员的劳动生产率。

（2）机车运用不受机车乘务组作息时间的限制，可以缩短非生产停留时间，提高机车运用效率。

（3）减少了机车出入库的次数及等待列车的时间，缩短了途中停留时间，加快了机车周转，减少了运用机车台数。

（4）减少了直通列车摘挂机车次数，缩短了中途站停时间，提高了旅行速度，加快了车辆周转，提高了线路通过能力。

（5）减少了沿线机务设备及区段站的设置，可以少占农田，节省基本建设投资。

（6）有利于实行专业化集中检修，提高机车检修质量，降低检修成本。

四、乘务方式

机车乘务组如何换班出乘，担当机车作业的方法称为乘务组的出乘方式，又称机车乘务组的乘务方式。

乘务方式根据交路长度和乘务组连续工作时间标准一般分为以下六种。

1. 驻班制

采用驻班制乘务方式时，在折返段预先派驻若干个机车乘务组，当本段机车乘务组执乘牵引列车到达折返段休息时，由折返段驻班机车乘务组接车，牵引列车返回本段。如此轮流执乘，轮流在折返段休息。

驻班制乘务方式适用于行车密度大的长交路上，可以提高机车运用效率。但是乘务员经常在外段驻班，会导致生活和学习条件不够正常。驻班制示意图如图 1-10 所示。

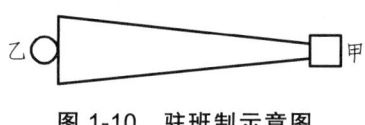

图 1-10　驻班制示意图

2. 调休制

一个机车乘务组由机务段出乘，担当机车作业到达折返段后不换班，由于乘务组往返执乘连续工作时间超过规定时间，乘务员需要在折返段公寓调休 4~6 h（不包括退勤时间），机车也随之在折返段停留等待，然后原班原车返回机务段，如图 1-11 所示。

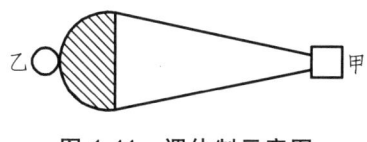

图 1-11　调休制示意图

该乘务方式适用于行车密度小的较长交路。其主要缺点是机车运用效率低，乘务员有一部分时间在外段休息。

3. 立即折返制

一个机车乘务组由机务段出乘担当机车作业，到达折返段不需要换班，而接运最早的列车返回机务段，再退勤休息。这种乘务方式称为立即折返制，如图 1-12 所示。

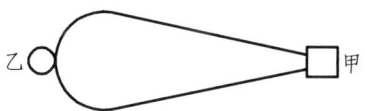

图 1-12　立即折返制示意图

这种乘务方式适用于行车密度大的短交路上，其优点是乘务员在家中休息的时间较长，有利于参加段内的组织活动和业务学习，便于机务段对乘务员的组织管理工作，机车运用效率也比较高。

4. 中途驻班制

一个机车乘务组由机务段出乘，担当机车作业到达中途整备点后退勤休息，由预先派驻在中途整备点的机车乘务组接乘到达折返段后，原班原车牵引其他列车立即折返回中途整备点退勤休息，而后再由中途整备点已经休息的机车乘务组执乘返回机务段，如图 1-13 所示。

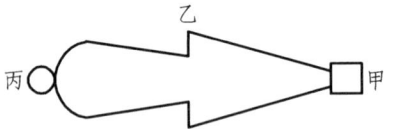

图 1-13 中途驻班制示意图

中途驻班制的优点是机车交路长,一般相当于一个长交路与一个短交路距离之和,机车运用效率高。但驻班在中途整备点的乘务员长期离开机务段,因此需在中途换班地设置乘务员公寓或家属宿舍。

5．两处驻班制

采用两处驻班制时,机务段预先在中途整备点和折返段均派驻若干个机车乘务组。一个机车乘务组由机务段出乘,担当机车作业到达中途整备点后退勤休息,由驻班机车乘务组接乘担当机车作业继续运行到折返段,也退勤休息。然后折返段驻班机车乘务组担当机车作业,牵引列车返回中途整备点退勤休息,再由中途整备点驻班机车乘务组接乘返回机务段。该乘务方式一般适用于超长交路,相当于两个长交路距离之和,机车运用效率高,如图 1-14 所示。

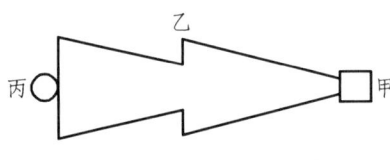

图 1-14 两处驻班制示意图

6．随乘制

采用随乘制时,机车后面挂一辆宿营车,机车乘务组均随机车出乘。先由一班机车乘务组担当机车作业,其余机车乘务组在宿营车上休息。经过一定时间后,在适当的停车站换班执乘。

随乘制机车运用效率很高,工作比较灵活,机车交路可以延伸很长,但是乘务员休息条件最差。该乘务方式一般适用于流动性和临时性运转制。

前述的机车交路类型、机车运转制和机车乘务组乘务方式,三者是互相配合并有固定关系。概括地说,机车交路类型为机车牵引区段距离,机车运转制为机车从事列车牵引作业的方式,机车乘务组乘务方式即机车乘务组固定的换班处所。

任务五　机车周转图

【教学目标】

1．能力目标

能正确地识别列车运行图和机车周转图。

2. 知识目标

掌握列车运行图和机车运行图。

3. 素质目标

培养学生爱岗敬业、善于思考的能力。

【工作任务】

本次工作的主要任务是：通过本任务的学习，使学生能正确地识别列车运行图和机车周转图。

【相关配套知识】

一、列车运行图

（一）列车运行图的作用

列车运行图规定了各种列车占用区间的程序，列车由每一个车站出发、通过、到达和交会的时刻，列车在各区间的运行时分，以及列车在车站的停留时间标准等。这样的列车运行图不仅规定了列车的运行，而且也规定了铁路技术设备（线路、站场、机车、车辆等）的运用。同时，还规定了与列车运行有关的保证部门（如车站、车务段、客运段、机务段、工务段、电务段、供电段、列车检修所、车辆段等）的工作。因此，列车运行图是行车组织工作的基础，也是铁路运输工作的综合计划。

列车运行图的主要作用是：将所有与列车运行有关的铁路部门（如机务、车务、列车车辆、工务、电务、水电等单位）的工作人员同铁路的运输生产活动统一组织起来，并按照规定的程序协调一致地工作，保证列车按运行图运行。列车运行图应表明如下内容：

（1）根据客、货运量确定列车对数和列车车次；

（2）规定各次列车占用区间的程序；

（3）列车出发、到达和通过各分界点的时刻；

（4）列车在区间内的运行时分和站停时间标准；

（5）列车运行速度、牵引重量和长度标准。

（二）列车运行图的分类

在我国，列车运行图是根据国家运输计划编制的，这种根据基本运量进行编制的列车运行图是基本运行图。基本运行图规定的行车量能满足一定时期内的最大客、货运输任务。然而，由于客货运输量在一年之中难以保持稳定，为了适应这种变化，必须在基本运行图的基础上根据各种行车方案再编制几个运输方案的运行图，这种列车运行图称为分号运行图。例如：某列车运行图用30对列车编制，而行车密度最高达34对列车，最低只有26对列车，则可在26～34对列车之间，按每相差一对列车再编制8个方案，或按每相差两对列车再编制4个方案，在这里称以30对列车编制的运行图为基本运行图，其他8个（或4个）运行图为分号运行图。

分号运行图又可分为独立和综合分号运行图。独立分号运行图是根据实际的车流情况确定行车量并结合编制分号运行图的特殊要求,像编制基本列车运行图那样,重新定点、定车次的列车运行图,它主要用在单线区段。综合分号运行图包括几个方案的运行图,是利用基本运行图抽减运行线,不单独定点、定车次而制定的列车运行图,综合分号运行图原则上在复线区段上使用。

有了基本运行图和分号运行图,运输部门就可随着运量的变化、特殊运输的需要及工程施工等情况,选用相应的分号运行图。最后应当指出,列车运行图不是固定不变的,必须根据铁路客货运量的不断增长、铁路技术设备的更新、运输组织工作的改善、牵引定数和旅行速度的提高,经过一定时期重新编定。原则上列车运行图每两年定期编制一次。

(三)列车运行图的识别

列车运行图是运用坐标原理来表示列车在区间运行,在车站到、发、通过时刻和停车时分的一种图解形式,如图 1-15 所示。

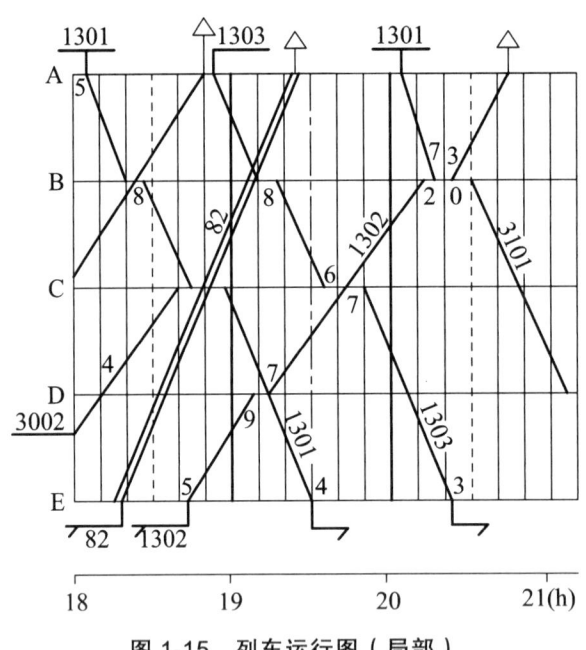

图 1-15 列车运行图(局部)

在列车运行图中,采用站名线、时分线和运行线三线表示法。在列车运行坐标图上,横坐标表示时间(t),纵坐标表示距离(L),斜线表示列车运行线。斜线的斜度表示列车的运行速度,斜度越大,则列车运行速度越高。

列车运行图时间坐标等分成 24 格,代表一昼夜 24 h。铁路系统以每日 18 点整至次日 18 点正为"一昼夜"时间范围。垂直线为时间线,较粗的线表示小时,细线表示若干分钟,虚线表示 0.5 h。纵坐标按照一个区段内各个站间距离的比例划分成若干水平线即为各站分界点的中心线,大站用粗线表示,小站用细线表示。水平线与水平线间隔表示站间距离。斜线与水平线的交点表示列车在每个车站的出发、通过或到达的时刻。

在列车运行图中，由于铺画了许多不同种类的列车运行线，为了便于识别，对不同的列车种类要采用不同的列车运行线来表示，常见的列车运行线见表1-2。

表1-2 列车运行线图例

序号	列车种类	表示方法	示 例	备 注
1	旅客列车（混合列车）	红色单线	————	以车次区分
2	临时旅客列车	红单线加红双杠	—‖——‖—	
3	行包专列	蓝单线加红圈	—○——○—	
4	"五定"班列	蓝单线加蓝圈	—○——○—	
5	快运、直达、重载列车	蓝色单线	————	以车次区分
6	直达、区段、小运转列车	黑色单线	————	以车次区分
7	冷藏列车	黑细线加红"○"	—○——○—	
8	超限货物列车	黑细线加黑"□"	—□——□—	
9	摘挂列车	黑细线加"｜"、"＋"	—｜——＋—	
10	单机	黑细线加黑">"	—▷——▷—	
11	军用列车	红色断细线	— — — —	
12	路用列车	黑细线加蓝"○"	—○——○—	
13	重型轨道、轻油动车	黑单线加黑双杠	—‖——‖—	

列车运行线向上代表上行列车，向下代表下行列车。上行列车的车次为双数，下行列车的车次为单数。我国铁路规定，向首都运行的方向为上行方向，反之为下行方向。

为便于组织列车运行和进行作业，每一列列车必须编有车次。列车的车次表示了该列车的种类、运输性质及运行方向。

（四）列车分类和列车车次规定

旅客列车：
（1）特快旅客列车　　　　　　T1～T998
　　其中：跨局　　　　　　　　T1～T298
　　　　　管内　　　　　　　　T301～T998
（2）快速旅客列车　　　　　　K1～K998
　　其中：跨局　　　　　　　　K1～K398
　　　　　管内　　　　　　　　K401～K998
（3）普通旅客列车　　　　　　1001～8998
　①普通旅客快车　　　　　　　1001～5998
　　其中：跨三局及其以上　　　1001～1998
　　　　　跨两局　　　　　　　2001～3998

	管内	4001～5998
② 普通旅客慢车		6001～8998
	其中：跨局	6001～6198
	管内	6201～8998
（4）临时旅客列车		L1～L998
	其中：跨局	L1～L498
	管内	L501～L998
（5）旅游列车		Y1～Y998
	其中：跨局	Y1～Y498
	管内	Y501～Y998
（6）回送客车底列车		001～00298

（7）因故折返旅客列车，原车次前冠以"0"

货物列车：

（1）五定班列

① 集装箱五定班列	80001～80998
② 普通货物五定班列	81001～81998
（2）快运货物列车	82701～82798
（3）煤炭直达列车	83001～83998
（4）石油直达列车	84001～84998
（5）始发直达列车	85001～85998
（6）空车直达列车	86001～86998
（7）技术直达列车	10001～19998
（8）直通货物列车	20001～29998
（9）区段货物列车	30001～39998
（10）摘挂列车	40001～44998
（11）小运转列车	45001～49998
（12）超限货物列车	70001～70998
（13）重载货物列车	71001～72998
（14）保温列车	73001～74998
（15）军用列车	90001～91998
（16）自备车列车	60001～69998
行包快运专列	X1～X98

单机和路用列车：

（1）单机	50001～52998
客车单机	50001～50998
货车单机	51001～51998
小运转单机	52001～52998
（2）补机	53001～54998
（3）试运转列车	55001～55998

（4）轻油动车、轨道车　　56001～56998
（5）路用列车　　　　　　57001～57998
（6）救援列车　　　　　　58101～58998

二、机车周转图

（一）机车周转图的概念及识别

列车运行图和机车周转图是机务部门组织运输生产活动的基础。

具体地说，机车周转图是机车工作计划，也是机车乘务员和机车整备（地勤检查）人员的工作计划，它是根据列车运行图、机车交路及所采用的乘务制度进行编制的，具体要求是：

（1）保证列车运行图和运输方案的实施，及时提供全部开行列车所需的机车。
（2）经济合理地使用机车，保证完成计划效率指标。
（3）严格贯彻《劳动法》，合理安排机车乘务组的劳动及休息时间。
（4）安排好自、外段机车的整备作业时间及机车在自段的辅修、中修时间。

机车周转图一般采用小时格的运行图图表进行铺划。在表示区段距离的纵坐标上，不像列车运行图那样要划出每个区间站的分界水平线，而只是划出列车始发站、中间换班站、大站及到达站的分界水平线，并在周转图的左侧写上站名，标明区段长度。同时在机车周转图最上方要写明机车的周转区段、周转图实行日期、机车使用效率等参数。另外，在机车周转图的上方和下方，用不重叠的横线（库停线）表示机车在本段和折返段库内的停留时间范围。机车周转图中的列车运行线与列车运行图中的表示方法一样，但单线机车周转图中的列车运行线在区段内可以交叉。图1-16为机车周转图略图。

机车周转图对应于列车运行图也有基本机车周转图和分号机车周转图，并对应于相应的列车运行图同时实施。

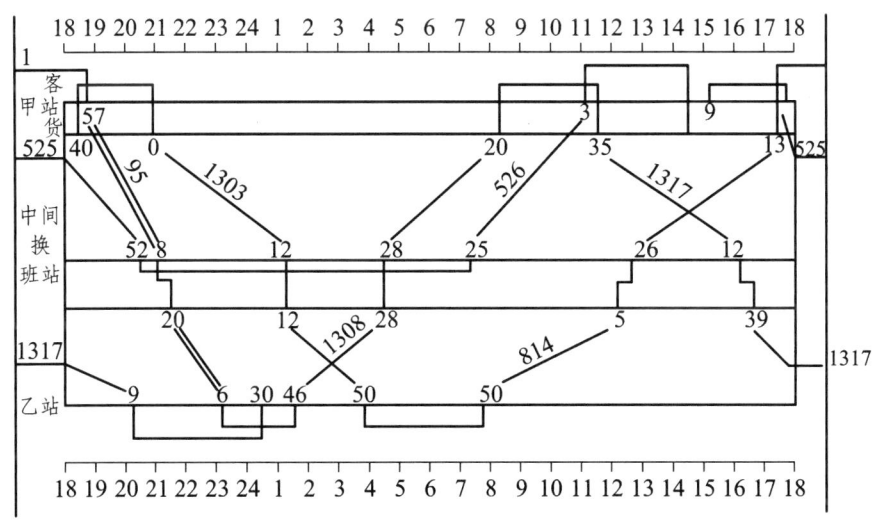

图1-16　机车周转图略图

（二）机车周转图的编制资料

在编制机车周转图前，要充分做好各项准备工作，也就是技术人员在编制基本机车周转图前要认真查定和准备编制机车周转图所需的各种资料和标准。一般来说，编制机车周转图时应准备下列资料和原始数据：

（1）列车运行图或行车时刻表。
（2）机车运转制。
（3）机车乘务组的出乘方式。
（4）机车在本段和折返段技术作业时间标准。
（5）机车走行公里、使用台数、全周转时间标准和检查停留时间标准。
（6）机车日车公里、旅行速度、技术速度、机车使用系数等技术指标。
（7）机车乘务员需要人数及补充计划等。

根据收集到的资料及原始数据，参照有关规定编制机车周转图，要完成包括：草画机车周转图、计算简明效率表、绘制机车周转图、编制机车及乘务组工作计划表及计算机车运用主要指标等一整套工作。

（三）机车周转图的编制原则

机车周转图应与列车运行图同时编制，编图人员要共同研究列车编组计划、列车对数和各项查定资料，制定列车运行图与机车周转图的初步方案，然后进行具体编制。

机务编图人员须与列车运行图编图人员密切配合，及时发现和解决问题，做好以下工作：

（1）认真细致地审定旅客列车方案，经济合理地使用机车。
（2）按照列车编组计划、列车对数和各项查定资料，同时安排好列车工作方案和机车周转方案，尽量压缩非生产时间，提高速度系数。
（3）正确查定核心及各分号列车车次，编制好分号机车周转图。
（4）旬间记名式机车周转图编出后，还应同时编制出旬间机车乘务员工作说明表。

（四）列车运行图与机车周转图的协调

在旅行速度、自外段技术作业时间和自外段所在站作业时间标准确定的前提下，为了提高机车运用效率，只有设法使机车在自外段的待发时间减少至最低限度。然而，机车周转图是按列车运行线编制的。因此，只有在编制列车运行图的工作计划过程中把高效率的机车周转图因素考虑进去，才能实现经济合理使用机车的目的。为此，机务编图人员要做到：

（1）编制前向列车运行图编图人员提供各区段机车运用方式和乘务员换班方式；机车在自外段的最短折返时间标准；乘务员补充工作时间及连续作业劳动时间标准；为保证年度计划实现的区段日车公里标准；乘务员在外段调休的时间标准。
（2）铺画货物列车运行线前，要求编图人员事先编制草图，以便考虑机车运用效率是否满足预定指标。
（3）铺画的货物列车运行线初步画成雏形时，机务编图人员应草画机车周转图，如发现问题及时与列车运行图编图人员研究，合理调整运行线，务必使机车交路合适。

(4)从草图中检查乘务员一次作业时间是否超劳。如有超劳,则应及时与列车运行图编图人员研究调整。

任务六　机务段配属机车台数、检修率的计算

【教学目标】

1. 能力目标

会计算机务段配属机车台数和检修率。

2. 知识目标

掌握机务段配属机车台数的两种方法和检修率的计算方法。

3. 素质目标

培养学生爱岗敬业、善于思考的能力。

【工作任务】

本次工作的主要任务是:通过本任务的学习,使学生掌握机务段配属机车台数的两种方法和检修率的计算方法,并能根据具体情况来计算机务段配属机车台数和检修率。

【相关配套知识】

一、机务段配属机车台数计算

机务段配属机车台数是指按编制的机车周转图计算应配属的机车台数。

机务段的配属机车台数包括:运用机车台数、检修机车台数和备用机车台数。

机务段配属机车台数的计算一般采用图解法和分析法两种方法。

(一)图解法

图解法是通过机车周转图的编制,从机车周转图上直接核算出运用机车台数的方法。图解法计算的结果准确,但必须以列车运行图作基础,所以只适用于营业铁路线。

由上述知:

配属机车台数($N_{配}$) = 运用机车台数($N_{运}$) + 备用机车台数($N_{备}$) + 检修机车台数($N_{修}$)。

其中:

(1)运用机车台数——除了从机车周转图中核定的客货运机车台数外,还应包括调车机车台数等。

(2)备用机车台数——等于 $N_{运}$×预备率(β)。预备率由铁路总公司、铁路局掌握控制数字,一般在10%~15%,担当春运任务较大的主要客运段为15%,其他段为10%左右。

(3)检修机车台数——包括大修、中修和小修机车台数,其值为 $N_{配}$×检修率(γ)。检修

率由铁路总公司、铁路局掌握控制数字，一般在10%左右。

所以有： $N_{配} = N_{运}+N_{运}\times\beta+N_{配}\times\gamma$

即 $N_{配} = (1+\beta)/(1-\gamma)\times N_{运}$ （台）

在计算中，应将客、货、调等各种机车分别计算，当客、货运机车为同一机型时，可合并计算。计算 $N_{运}$、$N_{备}$、$N_{修}$ 时均取小数点后一位，不混用机车 $N_{运}$ 单独取整，$N_{配}$ 则小数进整。

（二）分析法

分析法的运用机车台数计算，不是从机车周转图上直接核算出来的，它是根据提出的年计划运量来计算的，所以比图解法计算较为复杂，一般适用于新营运的铁路线，在此不做详细介绍。

二、检修率的计算

机车检修率又称机车不良率，它是指在一定时期内，全路、一个铁路局或机务段平均每天的检修机车台数占支配机车台数的百分比，它所反映的是全部支配机车中检修机车所占的比重。因此，它是以相对数字反映机车质量状态的指标，其计算方法为：

$$\eta_{总修} = N_{修}/N_{支}\times 100\%$$

式中　　$\eta_{总修}$ ——机车总检修率；

　　　　$N_{支}$ ——支配机车台数；

　　　　$N_{修}$ ——在修机车台数。

机车检修率还可按各种不同修程分别计算，用以了解支配机车中各种修理所占用的机车比重。按照机车的大修、段修修程，机车检修率可分为大修率和段修率。用以下公式计算：

$$\eta_{大修} = N_{大修}/N_{支}\times 100\%$$
$$\eta_{段修} = N_{段修}/N_{支}\times 100\%$$
$$\eta_{总修} = \eta_{大修}+\eta_{段修}$$

式中　　$N_{段修}$、$N_{大修}$ ——段修、大修的机车台数。

机车修理作业除正常修理之外，非正常故障修理称为临修。为考核机车临修情况，采用机车临修率（$\eta_{临修}$）这个指标，计算公式为：

$$\eta_{临修} = N_{临}/N_{支}\times 100\%$$

式中　　$N_{临}$ ——临修的机车台数。

从上述各计算公式可以看出：机车检修率越高，表示机车不良台数越多，用以运用的良好机车台数越少。因此，加强机车检修、保养，延长机车大、段修走行公里，提高机车运用质量，就可降低机车检修率。而临修率则是直接反映机车技术状态和日常维护、保养质量，表明机车可靠性的技术指标,可以通过加强机车各种修程质量管理,努力提高机车小修质量和机车日常维护保养这两项有效的措施来降低机车的临修率。

任务七　电力机车整备作业

【教学目标】

1. 能力目标

能按照规定进行机车整备作业。

2. 知识目标

掌握机车整备作业的范围及基本程序。

3. 素质目标

培养学生爱岗敬业、善于思考的能力。

【工作任务】

本次工作的主要任务是:通过本任务的学习,使学生掌握机车整备作业的意义、范围及基本程序,并能根据规定进行机车整备作业。

【相关配套知识】

电力机车在担当运输任务的过程中,为保证列车运行安全正点、平稳舒适,除乘务员应具备良好的操纵技术外,还必须保证机车处于良好的运用状态和文明状态。为此,各机务段都要在机车运用前对机车进行日常的整备保养工作。

一、整备作业的意义

所谓整备作业,就是电力机车在投入运用前的一切供应和准备工作。电力机车整备作业包括:机车外皮洗刷、给砂、给润滑油、机车检查、自动信号测试等。电力机车在折返段的整备作业一般包括机车检查及补砂、补油等。

实行长交路后,可能在中间站到发线上补砂,补砂点的设置应在机车乘务组换乘点为宜,其补砂作业以机车不摘钩为准。一般可就近设置干砂小屋,人工进行补砂。

由于机车运用周转的要求,机车整备作业必须在规定的时间内保质保量地完成,以满足机车供应的需求。为了很好地完成机车整备作业,除要有良好、先进的整备设备外,还必须有一套严密的组织和管理体系。机车整备作业必须按照一定的顺序进行,并尽可能地缩短机车整备作业时间。

机车整备作业的目的只有一个,即一切为了机车的正常运转。因此,在机车整备作业过程中,必须保证各项作业互相连接成一个整体,做到作业流程顺畅,避免相互交叉干扰,达到走行短、作业快、效率高,以缩短机车整备作业时间,提高机车运用效率的目的。

运用网络控制管理技术做好机车整备工作,是全面质量管理的一种新的尝试。网络控制能及时掌握机车的整备作业进度和质量信息,做好对机车的统筹管理,提高整备台位的通过能力,并能够充分发挥现有整备设备的效率。

二、整备作业的范围及基本程序

机车的整备作业由地勤作业和机车乘务员作业两部分组成。

地勤整备作业范围包括:机车检查、修理、日常给油、上砂、各项机能性能试验及三项设备检测等。

这里先介绍整备场所机车日常给油和上砂的技术要求,有关机车整备作业中的司机、副司机的检查作业内容将在后面的章节中介绍。

(一)机车整备给油

机车的日常给油是延长磨耗部件使用寿命的有力措施,是一项不容忽视的工作,电力机车整备给油处所和要求见表 1-3。

表 1-3　整备给油处所和要求

序号	给油处所	方法	使用油脂	周期	备注
1	空气压缩机	注入	压缩机油	不定期	油位保持在油表上下两刻线间
2	牵引电机抱轴承	注入	轴油	不定期	油位保持在油表上下两刻线间
3	齿轮箱	注入	齿轮油	不定期	油位保持在油尺上下两刻线间
4	钩舌销	弧形	轴油	每次	润滑良好
5	轮缘喷油器油箱	注入	双曲线齿轮油	每次	油箱加满
6	钩体与托板磨动部	线式	轴油	每次	润滑良好
7	钩舌与锁铁磨动部	线式	轴油	每次	润滑良好
8	钩尾与托板磨动部	反射	轴油	每次	润滑良好
9	从板与弹簧箱、导框磨动部	反射	轴油	每次	润滑良好
10	钩提杆座磨动部	点式	轴油	每次	润滑良好
11	钩提杆肘销	点式	轴油	每次	润滑良好
12	制动器肘销	点式	轴油	每次	润滑良好
13	制动器各外露销套	点式	轴油	每次	润滑良好
14	手制动机传动装置	点式	轴油	每次	润滑良好
15	两位置转换开关	涂抹	工业凡士林	不定期	抹前将旧凡士林擦干净
16	隔离开关静触头	涂抹	工业凡士林	不定期	上、下均匀涂抹

机车整备给油在实行轮乘制的机务段,此项工作由轮班制给油副司机(或特设日勤制日常给油副司机)负责,地勤检查司机应起到监督作用,确保运动部件油润良好,处于正常工作状态。

(二)机车整备补砂

机车回段后,应向砂箱补足干砂,以备运行中防滑用,这是一项重要的整备作业内容。撒砂装置应达到以下技术要求:

(1)机车撒砂装置作用良好,砂管的撒砂量均应调整到 2~3 kg/min。
(2)砂管距轨面高 30~55 mm,砂管距离动轮踏面 15~30 mm。
(3)砂子要经过干燥处理,粒度要均匀,成分要符合规定要求。

机车用砂要能使其在砂管内均匀流动,不会结成砂块堵塞砂管。砂子应保持松散状态,不致黏附在砂箱壁上,其中要有一定大小的颗粒,过小容易从钢轨上吹掉,过大又容易从钢轨上滚落。砂粒要具有足够的硬度和强度,其中含石英量越多,硬度和强度就越大。

机车用砂技术要求见表 1-4。

表 1-4 机车用砂成分和粒度

砂质\砂种	成份		砂粒及比例		备注
	石英(%)	黏土(%)	粒度直径(mm)	占有比例(%)	
普通砂	>70	≤3	0.1~2.0	≥90	石英粒度直径为 0.2~0.5 mm 的应占 60%~65%
			<0.1	≤10	
优质砂	>90	≤1	0.1~2.0	≥95	
			<0.1	≤5	

(三)机车整备作业的基本程序

电力机车整备作业内容较蒸汽机车、内燃机车工作量少,故多采用平行作业方式,即机车入段后,转线至整备线进行各种整备作业,然后动车驶出检查地沟等待交路出段。

电力机车整备作业的基本程序如图 1-17 所示。

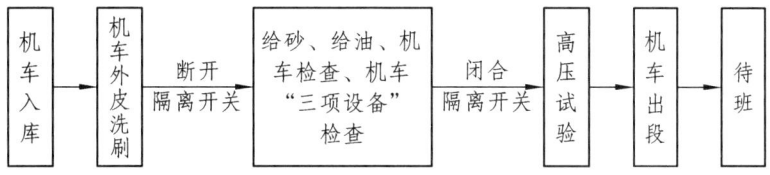

图 1-17 整备作业的基本程序

在基本程序中,机车检查一项包括:机车内部各室清扫,顶部清扫,低压试验,制动机试验,乘务员自检自修范围作业,走行部的检查清扫,砂管保持畅通等内容。

机车整备作业是机务段日常运用工作内容之一。整个作业过程作业量大,要求严格,也是乘务员直接参与的一项工作。所以，在整备作业中，要按标准上岗，按标准干活，按标准交班，高质量地完成整备作业，保持机车良好的运用状态。

【项目小结】

本项目详细介绍了机车管理与运用的有关知识，其中机车管理部门的组织机构与职责、机车的配属与使用、机车交路、机车运转制度、乘务制度及乘务组的出乘方式等基本知识要认真学习和掌握，这是搞好乘务工作的基本前提。识别列车运行图、机车周转图、按要求完成机车的整备作业等知识，是本章的重点内容。除了学习基本理论知识，还要通过技能训练来进一步巩固和提高。

只有掌握好基本的机车管理与运用知识，才能正确地指导乘务工作，熟悉乘务工作，达到高效、安全、正点的行车目的。因此，《铁路机车运用管理规程》规定：各级机车运用人员应具备高度的责任心和求实精神，热爱本职工作；对工作高标准、严要求，对技术精益求精；顾全大局，协调合作，服从命令听指挥；深入实际，调查研究，扎扎实实地做好各项工作。

【复习思考题】

1. 机务本段具有哪些特点？
2. 什么叫运用机车和非运用机车？
3. 什么叫机车交路？有几种周转方式？
4. 什么叫循环运转制？画出图例，有什么优点？
5. 什么叫肩回运转制和循环运转制？同时画图说明。
6. 什么叫乘务组的出乘方式？共有几种？各出乘方式是如何执行的？
7. 如何识别列车运行图？各类列车的运行线是如何表示的？
8. 什么叫机车周转图？如何识别机车周转图？
9. 机车整备作业的内容及基本程序是什么？
10. 机车给油方式共有几种？各种方式如何操作？

项目二　编组列车

【项目描述】

铁路运输的基本任务是合理地运用铁路运输的技术设备，安全、准确、迅速、经济、便利地运送旅客和货物，保证完成和超额完成运输任务。而旅客和货物的运送过程是通过列车方式来实现的。列车是完成铁路运输任务的主要形式，是根据列车编组计划、列车运行图及《技规》的有关规定编组而成、并挂有牵引机车和规定的列车标志的车列。为确保列车在区间的运行安全，提高运输的效率。原则上，只有所编列车完全具备条件后方能向区间正线运行。因此，编组的列车应符合保证安全、提高效率，并充分利用铁路通过能力和牵引力这一原则。

【教学目标】

1. 能力目标
（1）能正确判定出段机车状态是否良好
（2）能按照规定进行机车与车辆的连挂
2. 知识目标
（1）掌握出段机车的要求
（2）掌握"关门车"的编挂规定
3. 素质目标
（1）培养爱岗敬业、遵章守纪、乐于奉献的职业精神。
（2）养成精简细修、以质量促安全的职业规范。

任务一　编组列车的一般要求

【教学目标】

1. 能力目标
要求学生会确定列车重量。
2. 知识目标
掌握超重列车、超长列车、欠重列车和欠长列车的相关知识。
3. 素质目标
培养学生爱岗敬业、善于思考的能力。

【工作任务】

本次工作的主要任务是：通过本任务的学习，使学生会确定列车重量，并掌握超重列车、超长列车、欠重列车和欠长列车的相关知识。

【相关配套知识】

一、编组列车的基本要求

列车应按《铁路技术管理规程》、列车编组计划和列车运行图规定的编挂条件、车组、质量或长度编组。

（1）必须符合《技规》有关机车车辆编入列车的技术条件、隔离和编挂要求；关闭自动制动机的车辆配挂和位置要求，以及列车后部挂车和单机挂车的规定。对装载危险、易燃品及超限货物、特殊车辆，须按铁路总公司《危险货物运输规则》或临时的指示办理。

（2）必须符合列车编组计划中各次列车去向的编挂内容及车组、车辆编挂顺序的要求。

（3）必须符合列车运行图关于列车重量、长度标准的要求。当跨两个以上区段的直达（或直通）列车，各区段的牵引质量、长度不同时，还必须符合列车编组计划规定的基本编组重量和长度。

二、列车质量（即牵引定数）的确定

列车质量又称列车运行图的牵引定数，即图定质量。应根据线路纵断面、机车类型、地区海拔高度、站场设备及运量等条件，进行科学计算和牵引试验来查定，并应考虑按线、按方向尽可能平衡一致，兼顾邻线衔接，减少车站作业，加速机车、车辆的周转。

实际上，在编组列车时，图定质量与列车实际质量并不一定完全相符。对此，《运规》就列车质量尾数的波动范围做了规定：货物列车牵引质量（除另有规定外）允许上下波动为 81 t 以内；线路坡度在 12.5‰ 以上的区段，长大隧道牵引定数在 1 500 t 及其以上的尾数波动，铁路局管内由铁路局规定；跨铁路局的由所跨两局协商后报铁路总公司批准；旅混列车、行包专列按牵引辆数不向上波动；冬运期间因天气严寒，须减吨时，铁路局管内可根据具体情况按牵引定数减少 10%~20%；跨铁路局的列车需减吨时，须报铁路总公司批准。暑期因隧道内高温或因天气不良、施工慢行、列车限速等需减吨时，铁路局管内由铁路局规定，跨铁路局的报铁路总公司批准。

编组超重列车时，编组站、区段站应商得机务段（折返段）机车调度员同意，在中间站应得到司机的同意，并均须经列车调度员命令准许。

三、列车长度的确定

列车长度：是根据运行区段内各站到发线的有效长，并须预留 30 m 的附加制动距离确

定。该列车长度为列车运行图的规定长度。

列车长度的计算公式：

$$列车换长 = 列车长度/11$$

超重列车：列车质量超过图定重量 81 t 及以上，连续运行距离超过机车乘务规定区段 1/2 的货物列车。在编组超重列车发往区间前，为使指挥和操纵人员做到心中有数，防止因运缓或区间停车打乱正常的运输秩序。编组站、区段站应商得机务（折返）段机车调度员的同意。在中间站应得到司机的同意，并需由列车调度员准许。

超长列车：凡超过列车运行图所规定换长的 1.3 及以上的列车。编组超长列车发往区间时，其运行办法按铁路局的规定执行。

欠重列车：凡低于图定质量 81 t 及以上，同时换长欠 1.3 及以上，连续运行距离超过机车乘务规定区段 1/2 的列车。

欠长列车：换长低于列车运行图规定长度的 1.3 及以上的列车。

另外，对于单机、动车组及重型轨道车，因其编组内容比较简单，虽未编挂车列，但在区间运行时对行车安全和运输效率一样有着重要的影响。所以，虽然未完全具备列车的条件，在发往区间时仍然按照列车办理。

任务二　列车中机车的编挂及单机挂车

【教学目标】

1. 能力目标

要求学生能正确判定出段机车的性能是否良好。

2. 知识目标

掌握出段机车的基本要求和单机挂车的相关规定。

3. 素质目标

培养学生爱岗敬业、善于思考的能力。

【工作任务】

本次工作的主要任务是：通过本任务的学习能正确判定出段机车的性能是否良好；并掌握出段机车的基本要求和单机挂车相关规定的相关知识。

【相关配套知识】

一、对出段机车的基本要求

牵引列车的机车在出段前，必须达到运用状态。主要部件和设备必须作用良好，符合铁路总公司有关机车运用、维修的规定，并符合下列要求。

（1）机械、走行部、空气压缩机、制动（包括手制动机）、储能制动器、牵引、撒砂、给油装置、发电机、信号标志、汽笛或风笛、各种监督计量器具、列车无线调度电话、机车信号、列车运行监控记录装置或自动停车装置、客运机车轴温报警装置、列尾装置控制盒。

（2）机车制动缸活塞行程按《技规》269条第29表规定执行。采用单元制动器的内燃、电力机车制动闸瓦与轮箍踏面的缓解间隙为4～8 mm。

（3）车钩中心水平线距钢轨顶面高815～890 mm。

（4）轮对：

① 两轮箍内侧距离为1353 mm，容许差度不得超过±3 mm；

② 轮箍或轮毂不松弛；

③ 轮箍、轮毂、辐板（辐条）、轮辋无裂纹；

④ 轮缘的垂直磨耗高度不超过18 mm，并无碾堆；

⑤ 车轮踏面擦伤深度不超过0.7 mm；

⑥ 机车轮箍踏面上的缺陷或剥离长度不超过40 mm，深度不超过1 mm；

⑦ 机车轮缘厚度在距踏面基线向上 H 距离处测量应符合表2-1的规定（轮缘原设计厚度在25 mm由铁路局规定）；

表2-1 机车轮缘厚度在距踏面基线向上 H 距离处测量

序号	车轮踏面类型	测量点与踏面基线之间距离 H（mm）	轮缘厚限度（mm）
1	JM2、JM3	10	34～23
2	JM	12	33～23

⑧ 轮箍踏面磨耗深度不超过7 mm。采用轮缘高度为25 mm的磨耗型踏面时，其磨耗深度不超过10 mm。

（5）电力机车的受电弓、牵引电机、辅助机组、高压电器、与操纵机车有关的低压电器、蓄电池组和主、辅控制电路及安全保护装置。

二、工作机车的编挂

凡担任列车牵引任务的机车称为工作机车，一般包括客运、货运、调车、局运等机车。为了确保工作机车乘务员方便及时地瞭望信号及标志、了解线路的情况，保证行车安全，充分发挥机车最大牵引效能，规定工作机车应挂于列车的头部且须正向运行。

但对于调车、小运转、市郊、路用列车的机车，由于路程短、牵引定数少、运行速度低，为了作业需要或单端操纵且在区段内又无转向设备的牵引机车，可以逆向运行（双端操纵的机车不存在逆向运行）。而当机车逆向运行时，由于乘务员瞭望受限制，所以在牵引货物列车时，需将牵引定数减少15%。

为了增加整个区段的牵引重量，提高本区段的通过能力或适应全线的牵引定数，有时需采用双机或多机牵引列车。当采用双机牵引时，两台机车需重联挂于列车头部，第一位机车担任本务机车职务，第二位为重联机车；若是多机牵引，第一位以后的机车均为重联机车，重联机车均必须服从前部机车的统一指挥，并按其要求进行操纵。如果重联的各机车类型不同，应将空气压缩机功率大或有自动停车装置的机车挂于列车头部作本务机车。

为了不减少整个区段的牵引质量，在某些困难区间可加挂补机。为便于机车之间密切联系，防止因操纵失协而挤坏车辆或断钩等事故的发生，原则上补机应挂于本务机车的前位或次位。若非全区段加补，而需在中间站摘下补机时，为便于作业，补机最好挂于本务机车的前位，而此时则由补机临时担任本务机车的职务。当在特殊区段，如受桥梁负重能力的影响等，或补机需要中途返回时，经铁路局批准，补机可挂于列车的后部，但需接制动软管。有时，为防止区间行车摘管造成列车起动困难而影响区间的通过能力，后部补机可不接制动软管，但须按铁路局规定的保证安全的办法执行。

三、单机挂车

所谓单机挂车，是指单机回送或接运列车途中挂有少量车辆，但没有守车（列车标志）而在区间线路上运行的机车。在放行单机时，为了能有效利用这部分机车的牵引动力，机车运用调度员准许顺路单机连挂车辆运行，即单机挂车。单机挂车因无运转车长，故在防护、瞭望、交接等方面存在诸多不便，同时考虑单机运转时分、用电标准、机车运用情况等因素，在区间作业不宜过多。单机挂车时规定：在线路坡度不超过12‰的区段，以10辆为限；若区段线路坡度超过12‰时，单机挂车的辆数由铁路局规定。

单机挂车时，应遵守以下规定：

（1）所挂车辆的自动制动机作用必须良好，发车前列检（无列检时由车站发车人员）按规定进行制动机试验。

（2）连挂前由车站彻底检查货物装载状态，并将列车编组顺序表和货运单据交与司机。

（3）在区间被迫停车后的防护工作由机车乘务组负责，开车前应确认附挂辆数和通风状态是否良好。

（4）列车调度员应严格掌握，不得影响机车固定交路和乘务员劳动时间。

（5）不准挂装载爆炸品、超限货物的车辆。

单机挂车时，可不挂列尾装置。

单机挂车时，为防止因车辆连挂不良在区间坡道上造成车辆回溜，与站内列车发生冲突，车辆的连挂状态需由车站人员负责。

四、回送机车的编挂

因配属、局间调拨及入厂（段）检修完毕后而返回本段的机车称为回送机车。

铁路局所属的机车回送时，为充分利用机车牵引力，原则上应有动力附挂货物列车（电力机车经非电化区段除外）回送。为加快机车回送进度，尽可能附挂牵引直通（直达）货物列车，但货运机车不准牵引（或附挂于）旅客列车，以确保旅客列车安全。快速旅客列车禁止附挂回送机车，但担当快速旅客列车任务的客运机车，走行部和制动装置良好时，可在保证安全的前提下随快速旅客列车附挂回送。入厂、段检修的主型机车确因技术不良，及杂小型机车，因运输任务较小，在 12 h 内无牵引列车任务时，可不牵引列车而随货物列车原动力回送。

回送机车在非本区段担任牵引列车任务时，由于乘务员不熟悉该区段线路的路况及有关行车设备情况，须由担任该区段机车运用的机务段派出指导人员添乘带道，及时介绍线路、信号及其他行车设备情况。回送机车应挂于本务机车次位，如挂于列车中部或后部，在列车制动时容易发生断钩；遇紧急制动时，可能将其前位的车辆挤坏。但在回送轨道起重机时，则一律挂于列车的中部或后部。有动力附挂回送机车时，每列不得超过 2 台。20‰ 及其以上坡度的区段禁止办理机车专列回送。回送机车还需考虑桥梁负载能力的限制及有火机车与装载易燃危险货物车辆的隔离。受桥梁限制必须实行隔离回送的区段，其连挂台数、隔离限制、由铁路局规定。

任务三　列车中车辆的连挂

【教学目标】

1. 能力目标

要求学生能按照分工对车辆进行连挂。

2. 知识目标

掌握列车中车辆的编挂要求，以及列尾装置的摘挂和运用。

3. 素质目标

培养学生爱岗敬业、善于思考的能力。

【工作任务】

本次工作的主要任务是：通过本任务的学习能按照分工对车辆进行连挂，并掌握列车中车辆的编挂要求，以及列尾装置的摘挂和运用的相关知识。

【相关配套知识】

一、列车中车辆的编挂要求

（一）客运列车中车辆的编挂

旅客列车必须严格按客车编组表所规定的车种、辆数、编挂位置编组，且规定列车最后一辆的后端应有风表、紧急制动阀，亦为运转车长值乘的点。在特殊情况下，也准许运转车长在其他设有风表、紧急制动阀的地点值乘。编入快速旅客列车的客车车辆其最高速度等级应符合该列车规定的速度要求，且在旅客列车中禁止编入装载危险、恶臭货物的车辆。

1. 旅客列车的隔离

在旅客列车编组时以发电车、行李车、邮政车等无旅客的车辆作为隔离车，它对保障旅客的安全起着重要的作用。在编组时，机车后第一位和列车尾部须编挂隔离车进行隔离。但在装有集中联锁计算机监测设备、列车运行监控记录装置的区段，可不挂隔离车。若隔离车在途中发生故障需摘下时，可无隔离车继续运行。局管内的旅客列车经铁路局局长批准，可不挂隔离车。

2. 旅客列车中编入货车的规定

由于旅客列车运行速度、技术状态的要求，车辆的构造速度及制动力较货物列车高，牵引重量小。若在旅客列车中加挂货车，不但会降低全列车的制动力和规定的运行速度，而且在制动时还会引起车辆的冲动。所以，为了保证旅客列车的安全、正点，规定在一般情况下不准在旅客列车中编挂货车。但在特殊情况下，如装运抢险、救灾、救急、鲜活易腐等物资的车辆，必须要由旅客列车挂运时，局管内经铁路局批准、跨局或局管内甩挂但属跨局挂运的，须经铁路总公司批准，方可挂车；但全列不得超过 2 辆，且必须挂于列车的尾部，以免因货车挂于前部而增加列车长度，使后部客车不能靠近站台，影响旅客乘降、行包装卸等。所加挂货车车辆的技术状态和最高运行速度，须符合该列车规定速度要求。市郊旅客列车加挂货车的办法由铁路局规定。

编组混合列车时，为充分保证旅客的安全并兼顾舒适，禁止编入装载爆炸品、压缩气体、液化气体的车辆，对整车装载的其他危险货物的车辆，经铁路局批准后方可挂运，并须按规定进行隔离。编组装载恶臭货物的车辆时，由列车调度员指定编挂的位置。在混合列车中，乘坐旅客的车辆应连挂在一起，根据需要挂于列车的尾部或前部，并与装有高出车帮易窜货物的车辆进行隔离。

（二）货运列车中车辆的编挂

货物列车的编组，除严格按照编组计划、列车运行图的规定编组外，对于装载危险及易燃货物的车辆在运输途中的隔离，应按铁路总公司《危险货物运输规则》的规定办理。

二、列尾装置的摘挂及运用

货物列车尾部须挂列尾装置。小运转列车是否挂列尾装置，由铁路局根据列车运行距离长短等条件确定。

货物列车列尾装置尾部主机的安装与摘解，由车务人员负责。软管连接，有列检作业的列车，由列检人员负责；无列检作业的列车，由车务人员负责。特殊情况，由铁路局规定。

列尾装置在使用前，必须按规定进行检测，合格后方可投入运用。

三、列车中车辆摘挂的分工

1. 连挂状态的确认

列车在编组直至发车之前，有关人员必须密切配合，认真检查确认机车与车辆及车辆与车辆之间车钩的连挂状态，这一点对于确保行车安全具有特别重要的意义，应予以高度重视。列车中相互连挂的车钩中心水平线的高度差不得超过 75 mm，此高度差主要是由车辆的空重、弹簧的强弱、车轮圆周的磨耗、轴颈的大小、轴瓦的厚薄、运行中弹簧的振动及线路的状态等原因造成。如果此高度差超过 75 mm，易发生脱钩、断钩事故。所以，必须查明原因进行调整，若无法调整或仍达不到所规定的高度差时，应将该车摘下。

2. 摘挂的分工

车辆的摘挂包括车钩、制动软管、暖气软管、电气控制连线、电灯及电话线等的连接和摘解，同时也包括折角塞门开闭情况及车钩摘挂技术状态的检查、确认等内容，对新型车辆还包括双管供风、电空联合制动线及机车供电线等的摘挂内容。

机车车辆的摘挂具体分工为：

（1）列车中车辆的连挂，由调车作业人员负责。软管的连接，有列检作业的始发列车由列检人员负责；无列检作业的，由调车作业人员负责

（2）列车机车与第一辆车的连挂，由机车乘务组负责。连接制动软管由列检人员负责；无列检作业的列车，由机车乘务组负责。

（3）列车机车与第一辆车的车钩、制动软管的摘解，由列检人员（不包括车辆乘务人员）负责；无列检作业的列车，由机车乘务组负责。

（4）无客列检作业的旅客列车机车与第一辆车的制动软管连接由车辆乘务员负责，制动软管的摘解由机车乘务员负责。

（5）列车本务机在车站调车作业时，无论单机或带有车辆，与本列的车辆摘挂和制动软管的摘解，均由调车作业人员负责。

（6）采用双管供风和电空联合制动及机车供电的旅客列车，机车与第一辆车电气控制连线的连接与摘解由客列检作业人员负责；无客列检作业人员时，由车辆乘务员负责；制动软管的连接与摘解由机车乘务员负责。

（7）客运列车在途中甩挂车辆时，车辆的摘挂和制动软管摘解由调车作业人员负责，其他由列检作业人员负责；无列检作业人员时，由车辆乘务员负责，必要时打开车门，以便于调车作业。

如货物列车在车站不进行摘挂作业，只进行摘机、转线，其车钩的摘挂及风管摘解均由机车乘务组负责。

任务四　列车中"关门车"的编挂

【教学目标】

1. 能力目标

要求学生会正确处理列车中出现"关门车"的情况。

2. 知识目标

掌握"关门车"的定义和编挂位置限制。

3. 素质目标

培养学生爱岗敬业、善于思考的能力。

【工作任务】

本次工作的主要任务是：通过本任务的学习会正确处理列车中出现"关门车"的情况，并掌握"关门车"的编挂要求，以及列车紧急制动距离限值表。

【相关配套知识】

在列车中一般要求机车和车辆的自动制动机全部加入进行全列制动。由于货物列车装载的货物要求需停止制动作用，或自动制动机临时发生故障，准许关闭制动支管上的截断塞门而本身失去制动力的车辆称为"关门车"。由于关门车的存在，会使全列的制动力相对降低，而无法确保列车正常的制动距离，同时也会给列车的正常运行带来不利的影响。所以，货物列车在主要列检所所在站编组始发及旅客列车始发时，均不准编挂关门车，且对允许编挂关门车的编挂辆数、编挂位置等也有严格的限制。

一、货物列车中关门车的编挂

货物列车在非主要列检所所在站编组始发时，由于所装货物规定须停止制动作用，或运行中自动制动机临时发生故障不能修复时，允许编挂关门车。而此时，货物列车应满足每百吨列车质量的闸瓦压力不得低于 280 kN。根据列车牵引试验证明，在制动主风管达到规定标准压力时，列车在限制下坡道上遇有紧急情况施行紧急制动，能在 800 m 距离内停车。

当编入关门车的辆数不超过现车总辆数的 6%（尾数不足一辆按四舍五入计算）时，可不计算每百吨列车质量的换算闸瓦压力，不填发制动效能证明书；当超过 6% 时，须按《技规》第 261 条规定计算闸瓦压力，并填发制动效能证明书交与司机。其中，制动效能证明书的计算和填写，在有列检所的车站，由列检员负责；无列检所的车站，由车站或运转车长负责。

货物列车中关门车编挂位置的限制：

1. 关门车不得挂于机车后部 3 辆车之内

若机车后部 3 辆车内挂有关门车，因关门车制动软管只能通风而本身无制动能力，在列车制动时，势必使列车前部制动力相对削弱而导致前冲力增加，加之风路长，后部车辆制动的延迟，必然会使列车的制动距离延长，易发生危险，在紧急制动时尤甚。

2．列车中连续连挂不得超过两辆

若关门车连续编挂辆数过多，当列车制动时，因关门车本身无制动力而无法停轮，各车辆之间将因列车制动产生瞬间的强烈冲挤，严重时会造成脱轨、断钩等事故。

3．列车最后一辆不得为关门车

因关门车本身无制动力，若列车最后一辆是关门车，易发生车钩分离而形成车辆溜逸，将会产生严重后果。

4．列车最后第二、三辆不得连续关门

若列车最后第二、三辆为关门车，当列车制动时，可能使尾部车辆因冲挤而脱轨。

二、旅客列车中临时关门车的处理

旅客列车由于运行速度较高，为保证旅客的安全和在规定的制动距离内停车，旅客列车在始发站不准挂关门车。而在运行途中，若遇车辆的自动制动机临时故障，且在停车的时间内不能修复时，只准许关闭一辆且不得是列车的最后一辆。此外，当列车采用中磷铸铁闸瓦，计算制动距离为 800 m 时，要求每百吨列车质量的换算闸瓦压力最小不得低于 580 kN；当采用盘形制动时，计算制动距离为 1 100 m 及 1 400 m 时，要求每百吨列车质量的闸瓦压力最小不得低于 320 kN。

三、列车在任何线路上的紧急制动距离限值（见表 2-2）

表 2-2　列车紧急制动距离限值表

列车类型	最高运行速度（km/h）	紧急制动距离限值（m）
旅客列车（动车组列车除外）	120	800
	140	1 100
	160	1 400
特快货物班列	160	1 400
快速货物班列	120	1 100
货物列车（货车轴重<250 kN，快速货物班列除外）	90	800
	120	1 400
货物列车（货车轴重≥250 kN）	100	1 400

【项目小结】

通过对列车编组的基本要求、列车中机车的编挂、单机挂车的规定、列车中车辆的摘挂

分工及列车中关门车的编挂规定等的系统学习，希望能进一步加强对《技规》的认识和理解。对于机车乘务人员，重点应就与乘务有关的规定、职责及要求进行熟练掌握：

（1）掌握工作机车、回送机车及单机挂车的定义及有关规定。
（2）掌握车钩状态的确认，重点掌握机车车辆的摘挂分工有关内容。
（3）掌握关门车的定义，编挂关门车的规定及限制。
（4）了解列车编组的基本要求及规定。

【复习思考题】

1. 什么叫列车？说明列车重量及长度的确定原则？
2. 什么叫超重列车、超长列车？在编组超重、超长列车发往区间前有什么要求？
3. 机车重联及加挂补机的原因是什么？各有什么规定？
4. 为什么工作机车一般挂于列车头部正向运行？在哪些情况下可逆向运行？
5. 什么是回送机车？办理机车回送时有哪些要求？
6. 什么是单机挂车？单机挂车有哪些规定，挂车辆数有什么限制？
7. 机车车辆的摘挂有哪些具体分工？
8. 列车中机车与第一辆车的连挂、制动软管的连接、摘解有什么规定？
9. 什么叫关门车?在什么情况下允许挂关门车？挂车辆数及位置有何规定？
10. 列车中相互连挂的车钩中心水平线的高度差有何规定？

项目三　行车闭塞法

【项目描述】

为了保证列车安全正点、方便快捷、高速高效，使同方向列车不致发生追尾，对向列车不致发生正面冲突，就必须保证列车与列车之间有一定的间隔，并通过人工或设备控制，使一个区间、线路所（或闭塞分区）在同一时间内只有一趟列车占用。

【教学目标】

1. 能力目标
（1）正常情况下能依据正常的行车闭塞法行车。
（2）特殊情况下能按规定进行处理，确保安全行车。
2. 知识目标
（1）掌握我国采用的行车闭塞法，包括自动闭塞、半自动闭塞和自动站间闭塞。
（2）掌握电话闭塞法的行车办法。
3. 素质目标
（1）培养敬业爱岗、遵章守纪、乐于奉献的职业精神。
（2）养成安全第一、以质量促安全的职业规范。

任务一　概　述

【教学目标】

1. 能力目标
要求学生能分辨行车闭塞的种类。
2. 知识目标
掌握行车闭塞法的作用和种类。
3. 素质目标
培养学生爱岗敬业、善于思考的能力。

【工作任务】

本次工作的主要任务是：通过本任务的学习，使学生能掌握行车闭塞的作用和种类；了解《铁路技术管理规程》中规定的行车基本方法。

【相关配套知识】

一、行车闭塞法的作用

为了安全、准确、迅速、协调地完成运输任务，铁路线路的设置有单线行车区段和双线行车区段。在单线行车区段列车运行时，上下行列车均在同一条线路上行驶；在双线区段的线路上列车运行时，上下行列车分别在两条线路上行驶，但同方向运行的列车往往由于列车等级及速度不同会发生让车和越行等情况。可见无论在单线区段还在双线区段的列车运行，列车与列车之间都有可能会发生正面冲突，追尾等事故，为此，铁路在行车管理上设置一套行车设备及行车组织制度，来控制列车在区间的行动。这种通过对设在车站（线路所）的有关设备或通过信号机的控制（包括在设备因故障失效后的联系制度），保证在同一时间内，站间、所间、闭塞分区内只有一个列车运行的办法，称为行车闭塞法。保证一个区间或闭塞分区只准许运行一个列车的设备，称为闭塞设备。

二、行车闭塞法的种类

行车闭塞法的作用是控制列车与列车之间保持一定距离，以保证列车安全运行。列车运行的间隔制度主要分为两大类：一类是时间间隔法，另一类是空间间隔法。

（一）时间间隔法

在19世纪40年代以前，列车运行最先采用就是时间间隔法，即先行列车发出后，隔一定时间再发出同方向的后续列车。用现在的话说，就是打破了一个区间只允许一列列车运行的限制，极不安全。当先行列车运行不正常时（晚点或中途停车等），有可能发生后续列车撞上前行列车的追尾事故。由于用时间间隔列车，没有设备上的控制，容易发生人为的事故，安全性较差。尤其采用这种间隔开行列车时，要求的条件也比较复杂，如区间内的坡道大了不行、瞭望条件差了不行，列车速度也因之受限制等。所以采取这种间隔放行列车只有在特殊情况下（如一时性的缓和列车堵塞，事故起复后的车流疏散，战时行车，一切电话中断的行车等）采用之，即在同一区间内前次列车开出后，相隔一定时间再向同一方向发第二趟列车。

（二）空间间隔法

1842年，英国人库克提出了空间间隔法，即先行列车与后续列车间隔开一定空间的运行方法，因为它能较好地保证行车安全而被广泛采用，逐步形成铁路区间闭塞制度。

在铁路正线上每相隔一定距离设立一个车站（或线路所）、自动闭塞通过色灯信号机，这样把正线划分为若干个区间（或闭塞分区），在同一时间、同一空间（站间区间，所间区间或闭塞分区)内只准许一个列车运行的方法,称为空间间隔法。

空间间隔法有以下优点:

(1)由于铁路线划分为很多的区间(或闭塞分区),在一定时间内每一区间都可开行列车,这样可提高行车能力。

(2)由于在各个车站上都有为列车到、发、会让、越行而铺设的配线,可保证列车安全会让。

(3)由于在一个区间里只准许一个列车运行,列车可按规定的速度在区间内运行,这样既能提高列车行车速度,又能加速机车车辆周转。

(4)有的区段在干线上设立线路所,对提高干线的通过能力也起到一定作用。

基于空间间隔法具有以上优点,我国铁路正常行车采用空间间隔法。

三、行车闭塞法的采用

《铁路技术管理规程》规定,行车的基本方法分为基本闭塞法与代用闭塞法两类。

(一)基本闭塞法

我国铁路早期实行单路签行车方式,例如1903年前的京奉(今京沈)铁路、1913年前的沪宁铁路均采用单路签行车制。从1903年起,我国主要铁路干线相继装设电气路签和电气路牌机,在相当长的岁月里,它们一直是铁路行车闭塞的主要方式。1925年,秦皇岛—南大寺开通了半自动闭塞,随后扩展到唐山—山海关。1924年,大连—金州、苏家屯—沈阳开始采用自动闭塞,1933年大连—沈阳全线开通自动闭塞。新中国成立后,铁路区间闭塞设备发展迅速提速,新建的线路和主要干线大步更新为半自动闭塞或自动闭塞;自行研制的继电半自动闭塞设备性能稳定、操作方便,在我国铁路上得到了广泛应用。随着科技不断创新发展,我国国力大大增强,先进的行车闭塞设备设施在铁路、轨交系统更有大量涌现和普及应用。

我国目前基本确立采用三种主要行车基本闭塞法:自动闭塞、半自动闭塞和自动站间闭塞。电气路签和或电气路牌闭塞已逐步淘汰。

在单线区间多采用半自动闭塞。我国单线里程占营业线总长的较大比重,其中相当一部分单线线路采用半自动闭塞。在运输繁忙的个别单线区段采用单线自动闭塞。

各站必须装设相应的基本闭塞设备。一个区段内原则上应采用同一类型的闭塞方式。

(二)代用闭塞法

当基本闭塞设备因故不能使用时,应根据调度命令采用电话闭塞作为代用闭塞法。电话闭塞是在没有机械、电气设备的条件下,仅凭联系制度来保证实现列车运行的方法。由于安全程度较低,所以只有当基本闭塞设备不能使用时,才能作为临时代用的闭塞方法。

任务二 自动闭塞

【教学目标】

1. 能力目标
（1）要求学生能依据行车凭证安全行车。
（2）遇特殊情况能按照规定正确处理，保证行车安全。
2. 知识目标
掌握自动闭塞法和自动闭塞法的行车凭证。
3. 素质目标
培养学生爱岗敬业、善于思考的能力。

【工作任务】

本次工作的主要任务是：通过本任务的学习，使学生能掌握自动闭塞法，并在自动闭塞区段能依据正确的行车凭证安全行车，如遇特殊情况能按照规定正确处理，保证行车安全。

【相关配套知识】

一、自动闭塞的分类

按照发送轨道信息的编码方式不同，自动闭塞可分为：交流计数电码自动闭塞、极频自动闭塞和移频自动闭塞三种。

按照信号显示方式不同可分为：三显示自动闭塞和四显示自动闭塞。

目前我国广泛使用的是三显示自动闭塞。三显示自动闭塞有三种灯光显示，即红灯、黄灯和绿灯。红灯显示说明其防护的闭塞分区被占用，也可能是该分区设备或线路发生故障；黄灯显示则说明其防护的闭塞分区空闲；绿灯显示则说明其前方有两个及以上闭塞分区空闲。

四显示自动闭塞是在三显示自动闭塞基础上增加一种绿黄显示，它的显示意义为前方有两个闭塞分区空闲，要求高速列车和重载列车减速运行，以使列车在抵达黄灯显示下运行时不大于规定的黄灯允许速度，保证在显示红灯的通过信号机前安全停车。而四显示的绿灯显示意义则为前方有 3 个及以上闭塞分区空闲。进站（含反方向进站）、接车进路信号机还能显示两个黄色灯光。

每一自动闭塞分区的长度：三显示自动闭塞一般为 1 200 ~ 3 000 m；四显示自动闭塞一般为 600 ~ 1 000 m。通过色灯信号机经常显示绿色灯光，随着列车驶入和驶出闭塞分区而自动转换。但进出站信号机的显示一般仍由车站实行人工控制，只有当连续放行通过列车时才改由列车运行控制。

二、列车占用区间的凭证

(一) 正常情况下的行车凭证

行车凭证,指列车由车站进入区间、由车站进入闭塞分区、由一个闭塞分区进入下一个闭塞分区的依据。

使用自动闭塞法行车时,列车进入闭塞分区的行车凭证:

(1) 在三显示区段,为出站或通过信号机的黄色灯光或绿色灯光;客运列车及跟随客运列车后面通过的列车,为出站信号机绿色灯光;跟随客运列车在车站始发或停车再开的非客运列车,为出站信号机黄色灯光。

(2) 在四显示区段,为出站或通过信号机的黄色灯光、绿黄色灯光或绿色灯光;客运列车及跟随客运列车后面通过的列车,为出站信号机绿黄色灯光或绿色灯光;特快旅客列车由车站通过时必须为出站信号机绿色灯光。

(二) 非正常情况下的发车凭证

自动闭塞区段遇下列情况时的发车行车凭证见表 3-1。

《技规》附件二规定的绿色许可证,其格式如图 3-1 所示。

表 3-1 自动闭塞区段特殊情况行车凭证

列车出发情况	行车凭证	发给行车凭证的依据	附带条件
1. 出站信号机故障时发出列车	绿色许可证（附件 2）	1. 监督器表示第一个闭塞分区空闲,不表示时为接到前次列车到达邻站的通知或前次列车发出后不少于 10 min 的时间 2. 确认道岔位置正确及进路空闲 3. 单线须取得对方站确认区间内无迎面列车的电话记录号码	从监督器上不能确认第一个闭塞分区空闲时,车站应发给司机书面通知（附件 8）,司机以在瞭望距离内能随时停车的速度,最高不超过 20 km/h,运行到第一架通过信号机,按其显示的要求执行
2. 由未设出站信号机的线路上发出列车			
3. 超长列车头部越过出站信号机发出列车			
4. 发车进路信号机发生故障时发出列车	绿色许可证（附件 2）	确认道岔位置正确及进路空闲	列车到达次一信号机按其显示的要求执行
5. 超长列车头部越过发车进路信号机发出列车			
6. 自动闭塞作用良好,监督器故障时发出列车	出站信号机显示的允许运行的信号		与邻站车站值班员及本站信号员联系
7. 双线双向闭塞设备的车站,反方向发出列车		1. 区间占用表示灯表示区间空闲 2. 双线反方向行车的调度命令	反方向发车进路表示器显示正确（进路表示器故障时通知司机）

注:在四显示区段,因设备不同执行上述条款困难的,可按铁路局规定办理。

许可证

第_____号

1. 在出站（进路）信号机故障、未设出站信号机、列车头部越过出站（进站）信号机的情况下，准许第_____次列车由_____线上发车。

2. 在出站信号机显示黄色灯光的状态下，准许第_____次列车由_____线上发车。

站（站名印）车站值班员（签名）

图 3-1　绿色许可证（附件 2）

三、几种特殊情况的处理

（一）自动闭塞区间通过信号机显示停车信号（包括显示不明或灯光熄灭）时的处理方法

自动闭塞区间通过信号机显示停车信号（包括显示不明或灯光熄灭）时，列车必须在该信号机前停车，司机应使用列车无线调度通信设备通知车辆乘务员（随车机械师）。停车等候 2 min，该信号机仍未显示允许运行的信号时，即以遇到阻碍能随时停车的速度继续运行，最高不超过 20 km/h，运行到次一通过信号机（进站信号机），按其显示的要求运行。在停车等候同时，必须与车站值班员、列车调度员联系，如确认前方闭塞分区内有列车时，不得进入。

装有容许信号的通过信号机，显示停车信号时，准许铁路局规定停车后起动困难的货物列车，在该信号机前不停车，按上述速度通过。当容许信号灯光熄灭或容许信号和通过信号机灯光都熄灭时，司机在确认信号机装有容许信号时，仍按上述速度通过该信号机。

装有连续式机车信号的列车，遇通过信号机灯光熄灭，而机车信号显示允许运行的信号时，应按机车信号的显示运行。

司机发现通过信号机故障时，应将故障信号机的号码通知前方站（列车调度员）。车站值班员（列车调度员）发现或得到区间通过信号机故障的报告后，在故障修复前，对尚未进入区间的后续列车，改按站间组织行车。

（二）遇天气恶劣，信号机显示距离不足 200 m 时的处理方法

遇天气恶劣，信号机显示距离不足 200 m 时，司机或车站值班员须立即报告列车调度员，列车调度员应及时发布调度命令，改按天气恶劣难以辨认信号的办法行车。

（1）列车按机车信号的显示运行。当接近地面信号机时，司机应确认地面信号，遇地面信号与机车信号显示不一致时，应立即采取减速或停车措施。

（2）当无法辨认出站（进路）信号机显示时，在列车具备发车条件后，司机凭车站值班员（运转车长）列车无线调度通信设备（其通信记录装置须作用良好）的开车通知，起动列车，在确认出站（进路）信号机显示正确后，再行加速。

（3）天气转好时，应及时报告列车调度员发布调度命令，恢复正常行车。

任务三　半自动闭塞

【教学目标】

1. 能力目标

要求学生在半自动闭塞区段行车时能依据行车凭证安全行车。

2. 知识目标

掌握半自动闭塞法和半自动闭塞区段的行车凭证。

3. 素质目标

培养学生爱岗敬业、善于思考的能力。

【工作任务】

本次工作的主要任务是：通过本任务的学习，使学生能了解半自动闭塞的办理程序；在半自动闭塞区段行车时，能依据行车凭证安全行车。

【相关配套知识】

一、半自动闭塞的办理程序

半自动闭塞法是在区间两端车站各装设一台具有相互电气锁闭关系的半自动闭塞机，并以出站信号机信号开放显示为行车凭证的闭塞方法。现场情况是在车站进站信号机内侧设有一小段专用轨道电路，因此它可和闭塞机、出站信号机间用电气锁闭关系连通。其特点是：出站信号机不能任意开放，它受闭塞机控制，只有区间空闲时，双方办理闭塞手续后（双线半自动闭塞为前次列车的到达复原信号）才能开放。列车出发离开车站时，出站信号机自动关闭，并使双方闭塞机处于"区间闭塞"状态，直到列车到达接车站办理到达复原时止。

最初的半自动闭塞是以电机方式出现的，之后由于继电技术的发展，继电半自动闭塞占据了重要的地位。半自动闭塞法办理手续简便，效率高，比路签（牌）闭塞法提高区段通过能力，改善了值班员的劳动条件。但区间轨道是否完整、到达列车是否完整，仍须通过人工检查才能确认。半自动闭塞是我国现在单线铁路区间闭塞的主要类型。

单线半自动闭塞的简要办理过程见表3-2。

表 3-2　半自动闭塞简要程序

发　车　站	接　车　站
1. 车站值班员用闭塞电话向接车站请求发车	
	2. 车站值班员同意发车
3. 按一下闭塞按钮，发车表示灯亮黄灯，电铃鸣响	
	4. 接车表示灯黄灯亮，电铃鸣响
	5. 按一下闭塞按钮，接车表示灯变为亮绿灯
6. 发车表示灯为亮绿灯，电铃鸣响。车站值班员在发车进路准备妥当后开放出站信号机	
7. 列车出发，进入发车轨道电路区段，出站信号机自动关闭，发车表示灯变为红灯	
	8. 接车表示灯亮，电铃鸣响。在进路准备妥当后，开放进站信号机
	9. 列车进入接车轨道电路区段，接车表示灯和发车表示灯均亮红灯
	10. 确认列车整列到达后，关闭进站信号机，按一下闭塞按钮，接车表示灯和发车表示灯均熄灭
11. 接车表示灯红灯熄灭，电铃鸣响	
	12. 通知临站列车到达时刻

二、行车凭证

1．正常情况下的行车凭证

半自动闭塞在正常情况下的行车凭证为：出站信号机或线路所通过信号机显示的允许运行的信号。

出站信号机的开放条件（即发给行车凭证的根据）：单线区间为接车站的同意闭塞信号；双线区间为前次列车到达前方站的到达信号。

2．非正常情况下的行车凭证

在半自动闭塞区段，遇超长列车头部越过出站信号机而未压上出站方面的轨道电路发车时，行车凭证为出站信号机显示的进行信号，并发给司机调度命令。

发车进路信号机故障时的行车办法由铁路局规定。

任务四　自动站间闭塞

【教学目标】

1. 能力目标

要求学生在自动站间闭塞区段行车时能依据行车凭证安全行车。

2. 知识目标

掌握自动站间闭塞的行车凭证。

3. 素质目标

培养学生爱岗敬业、善于思考的能力。

【工作任务】

本次工作的主要任务是：通过本任务的学习，使学生在自动站间闭塞区段行车时能依据行车凭证安全行车。

【相关配套知识】

使用自动站间闭塞法行车时，列车凭出站信号显示的进行信号进入区间。自动站间闭塞须与集中联锁设备结合使用，采用轨道检查装置自动检查区间是否空闲，发车站办理发车进路后即自动构成站间闭塞。列车到达接车站或返回发车站并出清区间后，自动解除闭塞。发车站在办理发车进路前，须确认区间空闲、接车站未办理同一区间的发车进路，并向接车站预告。发车站已向接车站预告，但列车不能出发时，在取消发车进路后须通知接车站。

具体自动站间闭塞的行车办法由铁路局规定。

任务五　电话闭塞

【教学目标】

1. 能力目标

要求学生在电话闭塞区段行车时，能依据行车凭证安全行车；在电话中断的情况下，能依据行车凭证安全行车。

2. 知识目标

掌握电话闭塞法的行车凭证和路牌的相关规定；电话中断情况下的行车凭证和电话中断后禁止发出的列车。

3. 素质目标

培养学生爱岗敬业、善于思考的能力。

【工作任务】

本次工作的主要任务是：通过本任务的学习，使学生能掌握电话闭塞和电话中断情况下的行车方法，并能依据相应的行车凭证安全行车。

【相关配套知识】

一、电话闭塞的使用条件

遇下列情况应停止使用基本闭塞法，改用电话闭塞法行车：

（1）基本闭塞设备发生故障（包括自动闭塞区间内两架及其以上通过信号机故障或灯光熄灭）时；

（2）发出挂有由区间返回后部补机的列车时，或自动闭塞区间发出由区间返回的列车时；

（3）无双向闭塞设备的双线区间反方向发车或改按单线行车时；

（4）半自动闭塞区间，发出须由区间返回的列车，由未设出站信号机的线路上发车，或超长列车头部越过出站信号机并压上出站方面轨道电路发车时；

电话闭塞不论单线还是复线，均按站间区间办理；同一区间、同一线路在同一时间内不能使用两种闭塞方法，故基本闭塞与电话闭塞相互转换时，必须确认区间空闲，并应根据列车调度员的调度命令办理。

二、行车凭证及填发要求

使用电话闭塞法行车时，列车占用区间的行车凭证为路票。当挂有由区间返回的后部补机时，另发给补机司机路票副页。

单线或双线反方向发车（正方向首列发车）时，根据《行车日志》查明区间已空闲，并取得接车站承认，在发车进路准备妥当后，方可填发路票。双线正方向发车时，根据收到的前次发出的列车到达的电话记录，在发车进路准备妥当后即可填发路票。

三、电话闭塞的办理手续

当基本闭塞设备不能使用时，应根据列车调度员的命令采用电话闭塞法行车。遇列车调度电话不通时，闭塞法的变更或恢复，应由该区间两端站的车站值班员确认区间空闲后，直接以电话记录办理。列车调度电话恢复正常时，两端站车站值班员应及时向列车调度员报告。

1. 单线或双线反方向发车办理闭塞的简要程序（见表3-3）

表3-3 单线或双线反方向发车办理闭塞的简要程序

程序 车站	发 车 站	接 车 站
办理闭塞	1. 确认区间空闲后，请求闭塞："××次可否发车"	
		2. 确认区间空闲及接车线可以接车，答："电话记录×号，×时×分，同意接××车次。"同时记入《行车日志》
	3. 复诵并记入《行车日志》	
发车与接车	4. 填写路票并进行自检及互检	
	5. 将路票交给司机，指示发车。通知接车站："××次×时×分发车"并向列车调度员报点	
		6. 复诵并准备接车进路，开放信号
区间开通		7. 列车到达收回路票划×注销，向发车站办理区间开通手续"电话记录×号，××次×时×分到，区间开通"并记入《行车日志》，向列车调度员报点
	8. 复诵电话记录，并记入《行车日志》	

2．双线区间电话闭塞的简要程序（见表3-4）

表3-4　双线区间电话闭塞简要程序

程序 \ 车站	发 车 站	接 车 站
预报发车	1．预报开车："××次预计×点×分开"	
		2．复诵："××次预计×点×分开"并准备进路
	3．根据前次发出列车到达接车站的电话记录号码填写路票，并进行自检及互检	
发车与接车	4．将路票交司机，指示发车	
	5．通知接车站："××次×点×分开"并报告列车调度员	
		6．复诵："××次×点×分开。"准备进路，开放信号
区间开通		7．列车到达收回路票，划×注销。通知发车站："电话记录×号，××次×时×分到，区间开通"并记入《行车日志》，向列车调度员报点
	8．复诵："电话记录×号××次×时×分到，区间开通"并记入《行车日志》	

3．《行车日志》的填写

《行车日志》是车站记录列车运行情况的原始资料。凡是在车站办理列车到发、通过的一切列车（包括单机、各种轨道车），均须在《行车日志》内记载。《行车日志》有以下三个作用：

（1）记载列车到发时刻，作为填记货车出入登记簿（运统4）的依据。
（2）记载列车运行的实际情况，作为向铁路局列车调度员报告的资料。
（3）确认区间是否空闲的依据。

四、路票及其填记与使用

（一）路票格式

路票为预先印好区间（即站名）和编号的硬卡，如图3-2所示。

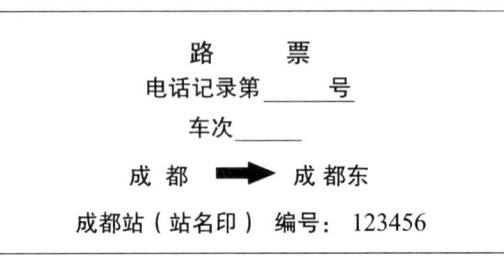

图3-2　路票的格式

（二）路票的填记与使用

（1）单线或双线反方向发车（正方向首列发车）时，根据《行车日志》查明区间已空闲，取得接车站的承认，在发车进路准备妥当后，方可填发路票。

（2）双线正方向发车时，根据收到前次发出的列车到达的电话记录后，在发车进路准备妥当后，方可填发路票。

（3）路票应由车站值班员或指定的助理值班员填写。对于填写的路票，车站值班员应根据《行车日志》的记录，认真确认并与助理值班员（作业员）或指定办理行车的人员相互检查、复诵，确认无误并加盖站名印，方可交送司机。

（4）填记内容：电话记录号码、列车车次、加盖专用站（场）名戳（可预先加盖）。字迹要清楚，不得涂改。

（5）路票内容如未按规定使用或有涂改时，均应作废，另行填写。

（6）路票只填写一张交给司机。路票编号应填记在《行车日志》的"记事"栏内。

（7）列车由区间返回或在双线反方向及多线区段运行时，须在调度命令中注明，仍使用该区间路票。

（8）列车运行至前方站，司机应将路票交给接车人员。接车站收到路票后，应该核对是否正确，在路票上画"×"注销。

五、电话中断的行车

（一）电话中断的行车方法

车站一切电话中断时，单线行车按书面联络法，双线行车按时间间隔法。列车进入区间的行车凭证为红色许可证。红色许可证格式如图 3-3 所示。

```
                      许  可  证
                                                        第____号
  现在一切电话中断,准许第_____次列车自_____站至_____站,本列车前于_____时_____分发出的第_____
                      已
次列车,邻站到达通知 ─── 收到。
                      未
                      通  知  书
  1.第_____次列车到达你站后,准接你站发出的列车。
  2.于_____时_____分发出第_____次列车,并于_____时_____分再发出第_____次列车。
                                            站(站名印)车站值班员(签名)
                                                  年    月    日填发
```

图 3-3 红色许可证格式

（1）在双线自动闭塞区间，如闭塞设备作用良好，列车运行仍按自动闭塞法行车，但车站与列车司机应以列车无线调度通信设备直接联系（说明车次及注意事项等）；如列车无线调度通信设备故障,则列车必须在车站停车联系。

(2)单线按书面联络法行车时,下列车站可以优先发车:

已办妥闭塞而尚未发车的车站;

未办妥闭塞时:

① 单线区间为开下行列车的车站;

② 双线改为单线行车时,为该线原定发车方向的车站;

③ 同一线路同一方向运行的列车,有上下行两种车次时,铁路局规定优先发车的车站。

第一个列车的发车权为优先发车的车站所有,如优先发车的车站没有待发列车时,应主动用红色许可证(附件三)的通知书通知非优先发车的车站。非优先发车的车站如有待发列车时,应在得到通知书后方可发车。

第一个列车的发车站在发车前应查明区间已空闲,并在红色许可证(附件三)的通知书上记明下一个列车的发车权。如为本条第1项所规定的发车站发车时,持有行车凭证的列车还应发给红色许可证(附件三)的通知书;如无行车凭证,列车应持红色许可证开往邻站。之后开行的列车,均凭红色许可证(附件三)的通知书上记明的发车权办理。

红色许可证(附件三)的通知书应采取最快的方法传送,优先方向车站如无开往区间的列车时,在确认区间空闲后,可使用重型轨道车或单机传送。双线按时间间隔法行车时,只准发出正方向的列车。非自动闭塞区间发出第一个列车时,在发车前应查明区间已空闲。

(二)电话中断后禁止发出的列车

(1)在区间内停车工作的列车(救援列车除外)。

(2)开往区间岔线的列车。

(3)必须由区间内返回的列车。

(4)挂有须由区间内返回后部补机的列车。

(5)列车无线调度通信设备故障的列车。

一切电话中断后,连续发出同一方向的列车时,两列车的间隔时间应按区间规定的运行时间另加 3 min,但不得少于 13 min。

【项目小结】

通过对铁路行车闭塞法的学习,进一步掌握自动闭塞、半自动闭塞、电话闭塞的使用方法及注意事项,特别是在非正常情况下的行车凭证更应熟悉。在行车工作中保证列车安全运行、优质、高效地完成运输任务。本项目的重点是各种行车闭塞法的行车凭证。

【复习思考题】

1. 什么叫行车闭塞法?
2. 行车闭塞法有几种类型?各有什么特点?我国采用的是哪一种?
3. 什么叫自动闭塞?有何优点?其行车凭证有哪些规定?
4. 什么叫半自动闭塞?有何特点?其行车凭证有哪些规定?
5. 说明三显示自动闭塞的工作原理。

6. 四显示自动闭塞和三显示自动闭塞有何不同？
7. 电话中断的行车凭证有哪些规定？
8. 电话闭塞法的使用规定及列车进入区间的凭证是什么？
9. 路票的使用有哪些规定？司机应确认的关键内容有哪些？
10. 一切电话中断后禁止发出哪些列车？
11. 《行车日志》有什么作用？
12. 说明绿色许可证、红色许可证及路票的作用。

项目四　铁路行车信号

【项目描述】

铁路信号是保证行车安全、提高运输效益及准确组织列车运行和调车工作的技术装备。在铁路运输工作中，为了指挥列车运行及调车作业，表示有关设备的位置和状态，铁路必须设置铁路信号。

1825年，世界上第一列列车在英国运行时用一人持信号旗骑马前行，引导列车前进。1832年，美国在纽卡斯尔－法兰西堂铁路线上开始使用球形固定信号装置，以传达列车运行的消息。如列车能准时到达则悬挂白球，如晚点则挂黑球。这种信号机每隔5千米安装1架。铁路员工用望远镜瞭望，沿线互传消息。1839年，英国铁路开始用电报传递列车运行消息。1841年英国铁路出现了臂板信号机。1851年英国铁路用电报机实行闭塞制度。1856年，J·萨克斯贝发明机械联锁机。1866年，美国利用轨道接触器检查闭塞区间有无机车车辆。1867年，出现点式自动停车装置，这种装置能强迫列车在显示停车信号的信号机前停车。1872年美国人W.鲁滨孙发明了闭路式轨道电路。1923年，美国铁路研制了车内信号，并于1925年正式应用于铁路。1925年，美国铁路协会（AAR）决定：美国各铁路公路平交道口必须装设标准化防护设备。此后，铁路公路平交道口防护设备发展起来。1927年，美国铁路采用了调度集中控制装置。随着电子计算机的出现和发展，调度集中控制向着行车指挥自动化的方向发展；列车运行向着列车自动控制和列车自动驾驶的方向发展。

【教学目标】

1. 能力目标

（1）能正确识别铁路行车信号和机车信号。

（2）能依据铁路行车信号安全行车。

2. 知识目标

（1）掌握色灯信号的显示、手信号显示以及机车信号的显示。

（2）掌握信号标志和信号显示器的意义。

3. 素质目标

（1）培养爱岗敬业、遵章守纪、乐于奉献的职业精神。

（2）养成安全第一、以质量促安全的职业规范。

任务一　铁路行车信号的基本要求

【教学目标】

1. 能力目标

要求学生能分辨信号机是否有效；遇信号机故障会正确处理。

2. 知识目标

掌握铁路行车信号的基本要求。

3. 素质目标

培养学生爱岗敬业、善于思考的能力。

【工作任务】

本次工作的主要任务是：通过本任务的学习，使学生能掌握铁路行车信号的基本要求，能分辨信号机是否有效，遇信号机故障会正确处理。

【相关配套知识】

铁路行车信号是指示列车运行及调车作业的命令，有关行车人员必须严格执行。铁路行车信号通过一定的音响、颜色、形状、位置、灯光等来表示。它必须正确显示，有足够的显示距离，不与其他物体混淆，必须满足故障-安全原则。为了确保行车安全和正常的运输秩序，有关行车人员必须掌握信号显示的规定，并在确认其显示状态的情况下按信号显示要求执行。信号显示方式及使用方法应按《铁路技术管理规程》（简称《技规》）规定执行，《技规》以外的信号显示方式，须经铁路总公司批准方可采用；各种信号机和表示器的灯光排列、颜色和外形尺寸，必须符合铁路总公司规定的标准；地区性联系用的手信号，由铁路局批准。

一、信号的颜色及其意义

（1）基本颜色：根据光学原理和长期实践经验，我国铁路视觉信号采用红、黄、绿三色作为铁路信号的基本颜色。其表示意义是：

① 红色——停车；

② 黄色——注意或减低速度；

③ 绿色——按规定速度运行。

（2）辅助颜色：为满足各种信号显示需要及区分不同信号而采用的颜色。其颜色及用途如下：

① 月白色——用于引导信号及调车信号；

② 蓝色——用于容许信号及调车信号；

③ 紫色——用于道岔表示器；

④ 白色——用于表示器、手信号及列车标志。

（3）铁路信号灯光（见图4-1）。

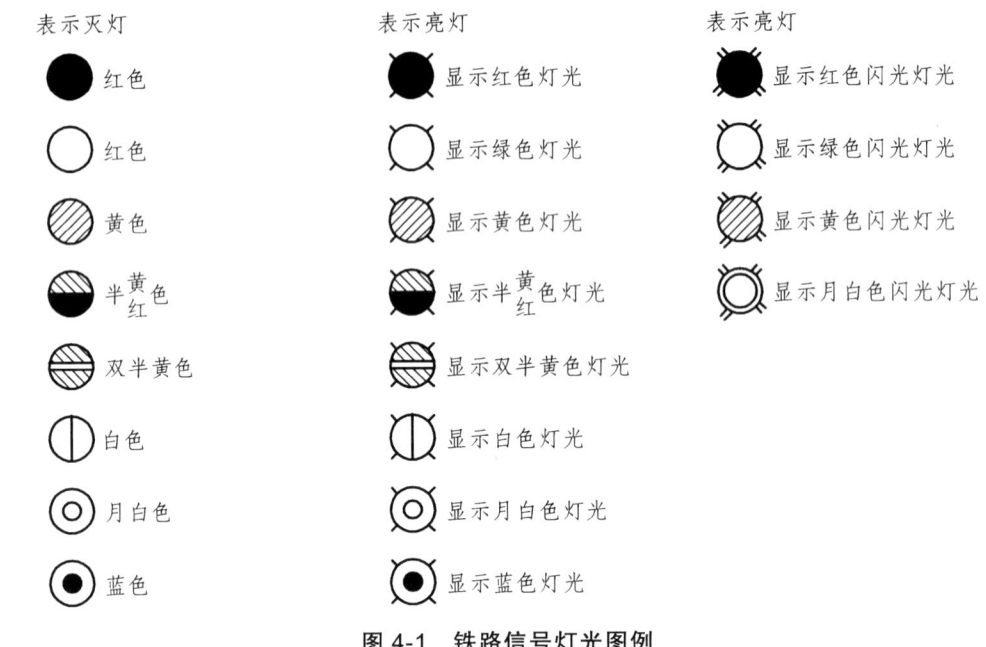

图 4-1　铁路信号灯光图例

二、铁路信号的种类

铁路信号分为视觉信号和听觉信号两大类：如用信号机、信号旗、信号灯、信号牌、信号表示器、信号标志及火炬等显示的信号，都属视觉信号；如用号角、口笛、机车和轨道车的鸣笛及响墩等发出的信号，都属听觉信号。

（一）视觉信号

（1）按使用时间分为昼间信号、夜间信号及昼夜通用信号。
（2）按使用形式分为固定信号、移动信号、手信号、信号表示器及信号标志。
（3）按装置分为信号机和信号表示器两类。信号机按类型分为色灯信号机、臂板信号机和机车信号机。

信号按用途分为以下12种：进站、出站、通过、进路、预告、遮断、防护、驼峰、复示、调车、容许、引导信号。进站、出站、通过、进路、防护等信号机都能独立地显示信号，指示列车运行的条件，叫作主体信号机；预告、复示信号机等，本身不能独立存在，而是附属于某种信号机的，所以叫作从属信号机。对预告信号机来说，进站信号机又是它的主体信号机。

信号表示器分为道岔、脱轨、进路、发车、发车线路、调车、水鹤及车挡表示器。

（二）听觉信号

听觉信号按使用形式分为号角与口笛、风笛与汽笛和响墩3种类型。

三、信号机及表示器的显示距离

正常情况下的显示距离：指不受地形、地物、气候影响的情况下，司机在机车上能确认地面信号显示状态时，机车与信号机之间的起码实际距离。

各种信号机及表示器，在正常情况下的显示距离为：

（1）进站、通过、遮断信号机，不得少于 1 000 m；

（2）高柱出站、高柱进路信号机不得少于 800 m；

（3）预告、驼峰、驼峰辅助信号机，不得少于 400 m；

（4）调车、矮型出站、矮型进路、复示信号机，容许、引导信号及各种表示器不得少于 200 m；

（5）在地形、地物影响视线的地方，进站、通过、预告、遮断信号机的显示距离在最坏的条件下，不得少于 200 m。

四、影响信号显示时的处理

视觉信号分为昼间、夜间及昼夜通用信号。在昼间遇降雾、暴风雨雪及其他情况，致使停车信号显示距离不足 1 000 m，注意或减速信号显示距离不足 400 m，调车信号及调车手信号显示距离不足 200 m 时，应使用夜间信号。

隧道内只采用夜间或昼夜通用信号。

铁路沿线及站内，禁止设置妨碍确认信号的红、黄、绿色的装饰彩布、标语和灯光。如车站内已装有妨碍确认信号灯光的设备时，应改装或采取遮光措施。

在规定的信号显示距离内，不准种植影响信号显示的树木。对影响信号显示的树木，其处理办法由铁路局规定。

五、信号机的定位

进站、出站、进路信号机及线路所的通过信号机，均以显示停车信号为定位。自动闭塞区段的通过信号机，以显示进行信号为定位。预告信号机及通过臂板，以显示注意信号为定位。

在自动闭塞区段内的车站（线路所），如将进站及正线出站信号机及其直向进路内的进路信号机转为自动动作时，以显示进行信号为定位。

六、信号机的关闭时机

（1）集中联锁车站的进站、进路、出站信号机以及通过信号机，当机车或车辆第一轮对越过该信号机后自动关闭。

（2）调车信号机在调车车列全部越过调车信号机后自动关闭；当调车信号机外方不设轨

道占用检查装置或虽设轨道占用检查装置而占用时,应在调车车列全部出清调车信号机内方第一轨道区段后自动关闭,根据需要也可在调车车列第一轮对进入调车信号机内方第一轨道区段后自动关闭。

(3)引导信号应在列车头部越过信号机后及时关闭。

(4)非集中联锁车站的进站信号机及线路所通过信号机,在列车进入接车线轨道区段后自动关闭,出站信号机应在列车进入出站方面轨道区段后自动关闭。

(5)非集中联锁车站,由手柄操纵的信号机:进站信号机在确认列车全部进入接车线警冲标内方,出站信号机在列车全部越过最外方道岔并确认列车全部进入出站方面轨道区段后,恢复手柄,关闭信号。

(6)特殊站(场)执行上述规定有困难时,由铁路局规定信号机的关闭。

七、信号机的无效标记

在运营线路上,因故障停用或新设尚未使用的信号机称为无效信号机,必须将灯光熄灭,并装设信号无效标。无效标为白色十字交叉板,装在色灯信号机机柱上。矮型信号机、信号托架或信号桥上的信号机可装在机构上。无效标应用长不小于1 200 mm的木板,以保证明显、正确。信号机无效标如图4-2所示。

图4-2 信号机的无效标

新建铁路因未正式办理运营,行车量较小,对新设尚未开始使用的信号机(进站信号机暂用做防护车站时除外)可不装设无效标。色灯信号机,可将色灯机构向线路外侧扭转90°,并熄灭灯光作为无效。

八、信号设置的要求

由于机车司机操纵机车的位置在运行方向的左侧,为了便于司机瞭望,所有地面固定信号机构应设在列车运行方向的左侧，因条件限制，两线路间不能装设信号机时，信号机可装设在信号桥和信号托架上。此时，信号机可以在线路左侧，也可以在所属线路中心线的上空。信号机由于条件限制，不得已必须设在线路右侧时，应经铁路局批准。

信号机设置的地点，应由电务部门会同运输、机务、工务等有关部门共同研究确定。

在确定设置信号机地点时，除应满足信号显示距离的要求外，还应考虑到该信号机不致被误认为邻线的信号机。

九、信号机故障的处理

进站、出站、进路和通过信号机的灯光熄灭，显示不明或显示不正确时，均视为停车信号。

信号机故障时的处理方法如下：

（1）进站、出站、进路及线路所通过信号机故障时，应置于关闭状态。

（2）进站信号机及线路所通过信号机灭灯或因发生不能关闭的故障时，应将灯光熄灭或遮住。在将灯光熄灭或遮住和信号机灭灯时，于夜间应在信号机柱距钢轨顶面不低于 2 m 处加挂信号灯，向区间方向显示红色灯光。

任务二　固定信号

【教学目标】

1. 能力目标
要求学生能正确识别固定信号的显示。
2. 知识目标
掌握固定信号的显示。
3. 素质目标
培养学生爱岗敬业、善于思考的能力。

【工作任务】

本次工作的主要任务是：通过本任务的学习，使学生能掌握固定信号的显示，主要有进站信号、出站信号、通过信号、遮断信号、容许信号、引导信号、预告信号、复示信号、调车信号和接近信号。

【相关配套知识】

固定信号是指固定地安装在一定位置上，用于指示列车运行及调车工作的信号，包括：进站、出站、通过、进路、预告、遮断、防护、驼峰、复示、调车、容许、引导信号。

一、进站信号机

(一) 进站信号机的作用

所有车站入口处均应设进站信号机,用以指示列车能否进站及进站的运行条件。

(1) 防护车站。在进站信号机未开放前,列车不得进入站内。

(2) 指示列车进站的运行条件。列车经道岔的直向位置还是侧向位置进站,正线通过或准备停车等。

(3) 锁闭接车进路有关道岔及敌对信号。当进路有关道岔开通位置不对或敌对进路信号未关闭时,信号机不能开放;信号机开放后进路道岔锁闭,敌对信号不能开放。

(二) 进站信号机的设置位置

(1) 进站信号机应设在距进站最外方道岔尖轨尖端(顺向为警冲标)不少于 50 m 的地点。这是考虑一台机车挂 1~2 辆货车在站内一股道转向另一股道不致越出进站信号机(见图4-3)。

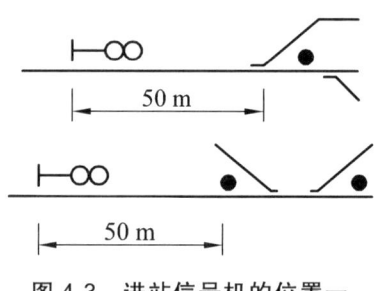

图 4-3 进站信号机的位置一

(2) 如因调车作业或制动距离的需要,一般不超过 400 m。经常利用正线进行调车作业的车站,可适当延长进站信号与道岔的距离,调车时车列就不致越过进站信号机,但延长后会影响咽喉区的通过能力(见图 4-4)。

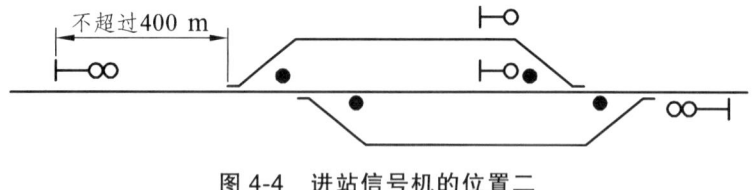

图 4-4 进站信号机的位置二

(三) 进站信号机的显示方式

1. 进站色灯信号机显示信号(四显示自动闭塞区段除外)

(1) 一个绿色灯光——准许列车按规定速度经正线通过车站,表示出站及进路信号机在开放状态,进路上的道岔均开通直向位置(见图 4-5)。

(2) 一个黄色灯光——准许列车经道岔直向位置,进入站内正线准备停车(见图 4-6)。

图4-5 一个绿色灯光

图4-6 一个黄色灯光

（3）两个黄色灯光——准许列车经道岔侧向位置，进入站内准备停车（见图4-7）。

（4）一个黄色闪光和一个黄色灯光——准许列车经过18号及其以上道岔侧向位置，进入站内越过下一架已经开放的信号机，且该信号机所防护的进路，经道岔的直向位置或18号及其以上道岔的侧向位置（见图4-8）。

图4-7 两个黄色灯光

图4-8 一个黄色闪光和一个黄色灯光

（5）一个红色灯光——不准列车越过该信号机（见图4-9）。

（6）一个绿色灯光和一个黄色灯光——准许列车经道岔直向位置，进入站内越过下一架已经开放的接车进路信号机准备停车（见图4-10）。

图4-9 一个红色灯光

图4-10 一个绿色灯光和一个黄色灯光

2. 四显示自动闭塞区段进站色灯信号机显示信号

（1）一个绿色灯光——准许列车按规定速度经道岔直向位置进入或通过车站，表示运行前方至少有 3 个闭塞分区空闲（见图 4-5）。

（2）一个黄色灯光——准许列车按限速要求越过该信号机，经道岔直向位置进入站内正线准备停车（见图 4-6）。

（3）两个黄色灯光——准许列车按限速要求越过该信号机，经道岔侧向位置进入站内准备停车（见图 4-7）。

（4）一个黄色闪光和一个黄色灯光——准许列车经过 18 号及其以上道岔侧向位置，进入站内越过下一架已经开放的信号机，且该信号机所防护的进路，经道岔的直向位置或 18 号及其以上道岔的侧向位置（见图 4-8）。

（5）一个红色灯光——不准列车越过该信号机（见图 4-9）。

（6）一个绿色灯光和一个黄色灯光——准许列车按规定速度越过该信号机，经道岔直向位置进入站内，表示下一架信号机已经开放一个黄灯（见图 4-10）。

3. 进站及接车进路色灯信号机的引导信号显示

进站及接车进路色灯信号机的引导信号显示一个红色灯光及一个月白色灯光——准许列车在该信号机前方不停车，以不超过 20 km/h 的速度进站或通过接车进路，并必须准备随时停车（见图 4-11）。

图 4-11　进站及接车进路色灯信号机的引导信号

二、出站信号机

（一）出站信号机的作用

（1）防护区间或闭塞分区。当信号机开放后，为占用区间或闭塞分区的凭证。
（2）锁闭发车进路上的有关道岔，确保列车出站安全。
（3）指示列车运行条件：列车开往主要线路或次要线路；在自动闭塞区段，还表示列车运行前方闭塞分区空闲状态。

(4) 指示到达列车站内停车位置。

(二) 出站信号机的设置位置

车站的正线和到发线上应单独装设出站信号机。出站信号机设于每一发车线警冲标内方（或对向道岔为尖轨尖端外方）适当地点（见图 4-12）。适当地点是指在设置出站信号机时应尽量少占用线路有效长。并考虑以下问题：

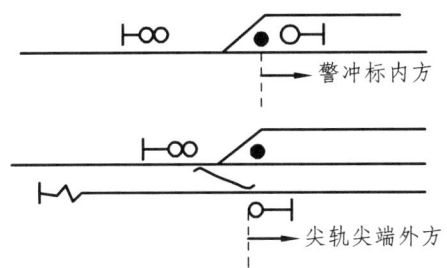

图 4-12 出站信号机位置之一

(1) 在装有轨道电路的车站上，出站信号机原则上应与轨道绝缘节设在同一坐标处；当轨道绝缘节位置不合适时，轨道绝缘节可在出站信号机前方 1 m 或后方 6.5 m 的范围内（见图 4-13）。

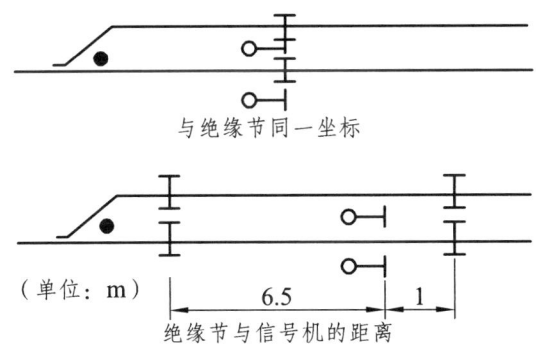

图 4-13 出站信号机位置之二

(2) 在无轨道电路的车站上，出站信号机在不侵入建筑限界的条件下，顺向道岔应尽量缩小与警冲标的距离；对向道岔应在尖轨尖端外方的适当地点。

(3) 在调车场的编组线上，必要时可设线群出站信号机。

(三) 出站信号机的显示方式

1. 在三显示自动闭塞区段车站的出站信号机显示信号

(1) 一个绿色灯光——准许列车由车站出发，表示运行前方至少有两个闭塞分区空闲（见图 4-14）。

图 4-14　三显示自动闭塞区段车站的出站信号机显示之一

（2）一个黄色灯光——准许列车由车站出发，表示运行前方有一个闭塞分区空闲（见图 4-15）。

图 4-15　三显示自动闭塞区段车站的出站信号机显示之二

（3）一个红色灯光——不准列车越过该信号机（见图 4-16）。

图 4-16　三显示自动闭塞区段车站的出站信号机显示之三

（4）两个绿色灯光——准许列车由车站出发，开往半自动闭塞区段（见图 4-17）。
（5）在兼作调车信号机时，一个月白色灯光——准许越过该信号机调车（见图 4-18）。

图 4-17　三显示自动闭塞区段车站的出站信号机显示之四

图 4-18　三显示自动闭塞区段车站的出站信号机显示之五

2．在四显示自动闭塞区段车站的出站信号机显示信号

（1）一个绿色灯光——准许列车由车站出发，表示运行前方至少有 3 个闭塞分区空闲（见图 4-19）。

图 4-19　四显示自动闭塞区段车站的出站信号机显示之一

（2）一个绿色灯光和一个黄色灯光——准许列车由车站出发，表示运行前方有两个闭塞分区空闲（见图4-20）。

图4-20　四显示自动闭塞区段车站的出站信号机显示之二

（3）一个黄色灯光——准许列车由车站出发，表示运行前方有一个闭塞分区空闲（见图4-21）。

图4-21　四显示自动闭塞区段车站的出站信号机显示之三

（4）一个红色灯光——不准列车越过该信号机（见图4-22）。

图4-22　四显示自动闭塞区段车站的出站信号机显示之四

（5）两个绿色灯光——准许列车由车站出发，开往半自动闭塞区段（见图4-23）。

图4-23　四显示自动闭塞区段车站的出站信号机显示之五

（6）在兼作调车信号机时，一个月白色灯光——准许越过该信号机调车（见图4-24）。

图4-24　四显示自动闭塞区段车站的出站信号机显示之六

3．半自动闭塞区段车站的出站信号机显示信号

（1）一个绿色灯光——准许列车由车站出发（见图4-25）。

图4-25　半自动闭塞区段车站的出站信号机显示之一

（2）一个红色灯光——不准列车越过该信号机（见图4-26）。

图4-26　半自动闭塞区段车站的出站信号机显示之二

（3）两个绿色灯光——准许列车由车站出发，开往次要线路（见图4-27）。

图4-27　半自动闭塞区段车站的出站信号机显示之三

（4）在兼作调车信号机时，一个月白色灯光——准许越过该信号机调车（见图4-28）。

图4-28　半自动闭塞区段车站的出站信号机显示之四

三、进路色灯信号机

（一）进路色灯信号机的用途及设置

在有几个车场的车站，为指示列车由一个车场开往另一个车场，车场之间应设进路色灯信号机。

进路信号机按用途分为：

（1）接车进路信号机——是对到达列车指示运行条件的；

（2）发车进路信号机——是对出发列车指示运行条件的。

进路信号机不论是接车、发车，其设置位置均应设在其后方第一道岔尖端前方（顺向为警冲标内方）的适当地点。进站信号机与进路、出站信号机的距离，原则上均不少于 800 m（见图 4-29）。

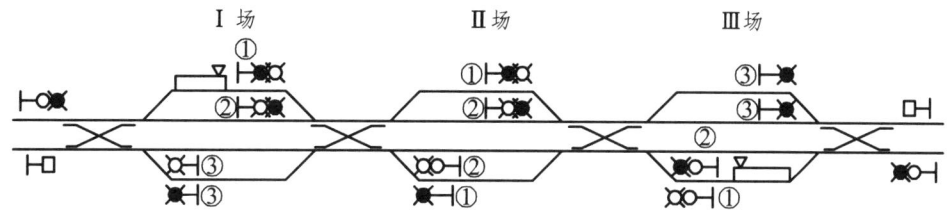

① 为发车进路色灯信号机　① 为接车进路色灯信号机　① 为出站色灯信号机

图 4-29　进路信号机的位置

（二）进路色灯信号机的显示

（1）接车进路色灯信号机的显示方式与进站色灯信号机相同。

（2）发车进路色灯信号机显示下列信号。

① 一个绿色灯光——准许列车由车站经正线出发，表示出站和进路信号机均在开放状态（见图 4-30）。

图 4-30　发车进路信号机显示之一

② 一个黄色灯光——准许列车运行到次一色灯信号机之前准备停车（见图 4-31）。

图 4-31　发车进路信号机显示之二

③ 一个绿色灯光和一个黄色灯光——表示该信号机列车运行前方至少有一架进路信号机在开放状态（见图4-32）。

图4-32　发车进路信号机显示之三

④ 一个红色灯光——不准列车越过该信号机（见图4-33）。

图4-33　发车进路信号机显示之四

（3）接车或发车进路色灯信号机兼作调车信号机时，一个月白色灯光——准许越过该信号机调车（见图4-34）。

图4-34　接车或发车进路色灯信号机兼作调车信号机显示

四、通过信号机

（一）通过信号机的作用

（1）列车进入闭塞分区或所在区间的凭证。

（2）自动闭塞通过色灯信号机是其后方信号机的预告信号机，可不间断向司机预告下一闭塞分区的空闲情况及进站信号机是否开放。

（二）通过信号机的设置及要求

通过信号机应设在闭塞分区或所在区间的分界处。

自动闭塞区段的通过信号机不应设在停车后可能脱钩的处所（线路变坡点），并尽可能不设在起动困难的地点。

通过信号机原则上应和轨道绝缘设在同一坐标上。由于施工等原因不能达到上述要求时，双线单方向运行线路上的通过信号机，轨道绝缘允许设在信号机前 1 m 后 6.5 m 范围内；单线双方向运行的并置通过信号机，轨道绝缘只允许设在信号机前后各 1 m 范围内（见图 4-35）。

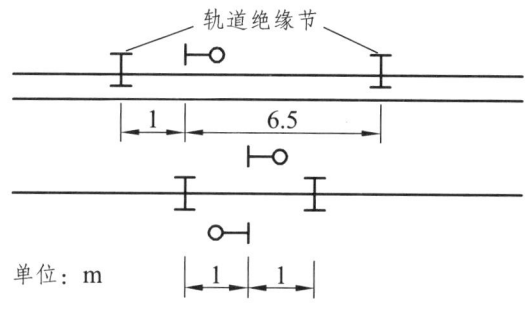

图 4-35　通过信号机设置

两架通过信号机间的距离不得小于 1 200 m。当采用 8 min 列车追踪运行间隔时间，在满足列车制动距离及自动停车装置动作过程中列车走行距离的条件时，可小于 1 200 m，但不得小于 1 000 m。

在进站信号机前方第一架通过信号机柱上应涂 3 条黑线，以与其他通过信号机相区别。

（三）通过信号机的显示方式

1．三显示自动闭塞区段通过信号机显示信号

（1）一个绿色灯光——准许列车按规定速度运行，表示运行前方至少有两个闭塞分区空闲（见图 4-36）。

图 4-36　三显示自动闭塞区段通过信号机显示之一

（2）一个黄色灯光——要求列车注意运行，表示运行前方有一个闭塞分区空闲（见图4-37）。

（3）一个红色灯光——列车应在该信号机前停车（见图4-38）。

图 4-37　三显示自动闭塞区段通过信号机显示之二　　图 4-38　三显示自动闭塞区段通过信号机显示之三

2．四显示自动闭塞区段通过信号机显示信号

（1）一个绿色灯光——准许列车按规定速度运行，表示运行前方至少有3个闭塞分区空闲（见图4-39）。

（2）一个绿色灯光和一个黄色灯光——准许列车按规定速度运行，要求注意准备减速，表示运行前方有两个闭塞分区空闲（见图4-40）。

图 4-39　四显示自动闭塞区段通过信号机显示之一　　图 4-40　四显示自动闭塞区段通过信号机显示之二

（3）一个黄色灯光——要求列车减速运行，按规定限速要求越过该信号机，表示运行前方有一个闭塞分区空闲（见图4-41）。

（4）一个红色灯光——列车应在该信号机前停车（见图4-42）。

图 4-41　四显示自动闭塞区段通过信号机显示之三　　图 4-42　四显示自动闭塞区段通过信号机显示之四

3．半自动闭塞区段通过信号机显示信号

（1）一个绿色灯光——准许列车按规定速度运行（显示方式参照图 4-36，但机构为二显示）。

（2）一个红色灯光——不准列车越过该信号机（显示方式参照图 4-38，但机构为二显示）。

4．经过分歧道岔侧向运行的信号灯信号

设有分歧道岔的线路所，当列车经过分歧道岔侧向运行时，色灯信号机应显示两个黄色灯光（见图 4-7）；当分歧道岔为 18 号以上道岔时，显示一个黄色闪光和一个黄色灯光（见图 4-8）。

自动闭塞区段防护分歧道岔的线路所通过信号机，其机构外形和显示方式应与进站信号机相同，引导灯光应予封闭。该信号机显示红色灯光时，不准列车越过该信号机。

五、容许信号

（一）容许信号的设置

在自动闭塞区段内，当货物列车在设于上坡道上的通过信号机前停车后起动困难时，在该信号机上应装设容许信号。在进站信号机前方第一架通过信号机上，不得装设容许信号。

容许信号采用方形背板。

（二）容许信号的显示方式

容许信号显示一个蓝色灯光——准许铁路局规定的停车后起动困难的货物列车，在通过色灯信号机显示红色灯光的情况下不停车，以不超过 20 km/h 的速度通过，运行到次一通过色灯信号机，并随时准备停车（见图 4-43）。

图 4-43　容许信号机显示

六、遮断信号机

（一）遮断信号机的作用

在发生危及行车安全的情况下，遮断信号机能及时向列车发出停车信号，使列车在危险地点前停车。

（二）遮断信号机的设置

在繁忙道口，有人看守的较大桥隧建筑物及可能危及行车安全的塌方落石地点，根据需要装设遮断信号机。该信号机距防护地点不得少于 50 m。

遮断信号机及其预告信号机采用方形背板，并在机柱上涂有黑白相间的斜线，以区别于一般信号机。

（三）遮断信号机的显示方式

遮断色灯信号机显示一个红色灯光——不准列车越过该信号机；不着灯时不起信号作用（见图 4-44）。

图 4-44　遮断信号机显示

七、预告信号机

（一）预告信号机的作用

可以使列车司机提前了解进站信号机或线路所通过信号机、遮断信号机的开放或关闭状态，从而保证行车安全，提高行车效率，并改善乘务人员的劳动条件。

（二）预告信号机的设置和要求

（1）半自动闭塞、自动站间闭塞区段进站信号机为色灯信号机时，应设色灯预告信号机或接近信号机。

（2）遮断信号机和半自动闭塞、自动站间闭塞区段线路所通过信号机，应设预告信号机。

（3）预告信号机与其主体信号机的安装距离不得小于 800 m，但预告信号机的显示距离不足 400 m 时，其安装距离不得小于 1 000 m。

在自动闭塞区段，每一个通过信号机的显示都有预告其后方信号机的作用，这就使所有的进站信号机等于已经有预告信号机。在装有机车信号的半自动闭塞区段，由于机车信号能在司机室内复示进站信号机的显示，也起到了预告信号机的作用。因此，自动闭塞区段或装有机车信号机的半自动闭塞区段，进站信号机均不再装设预告信号机。为了通知列车已接近车站，在三显示自动闭塞区段进站信号机前第一架通过信号机机柱涂有 3 条黑斜线，四显示自动闭塞区段进站信号机前第一架和第二架通过信号机机柱分别涂有 3 条、1 条黑斜线。

通过信号机是为了提高行车通过能力而设，列车在接近信号机时，必须预先了解其显示状态，才能安全高速地行车。遮断及防护信号机所防护的都是可能危及行车安全的处所，如冒进信号就会造成严重的后果。所以，在非自动闭塞区段，通过、遮断、防护信号机，均应装设预告信号机。

（三）预告信号机的显示方式

预告色灯信号机显示信号如下：

（1）一个绿色灯光——表示主体信号机在开放状态（见图 4-45）。

图 4-45　预告色灯信号机显示之一

（2）一个黄色灯光——表示主体信号机在关闭状态（见图4-46）。

（3）遮断信号机的预告信号机显示一个黄色灯光——表示遮断信号机显示红色灯光；不着灯时，不起信号作用（见图4-47）。

图4-46　预告色灯信号机显示之二

图4-47　遮断信号机的预告信号机显示

八、接近信号机

（1）一个绿色灯光——表示进站信号机开放一个绿色灯光或一个绿色灯光和一个黄色灯光（见图4-48）；

（2）一个绿色灯光和一个黄色灯光——表示进站信号机开放一个黄色灯光（见图4-49）；

图4-48　接近信号机显示绿灯

图4-49　接近信号机显示一个绿灯和一个黄灯

（3）一个黄色灯光——表示进站信号机在关闭状态，或表示进站信号机显示两个黄色灯光或一个黄色闪光和一个黄色灯光（见图4-50）。

图4-50　接近信号机显示一个黄灯

九、调车信号机

（一）调车信号机的设置及用途

调车信号机设在电气集中联锁的车站调车线上适当地点，以显示的信号指示准许或禁止进行调车。

（二）调车信号机的显示方式

（1）一个月白色灯光——准许越过该信号机调车（见图 4-51）。

图 4-51　调车色灯信号机显示之一

（2）一个月白色闪光灯光——装有平面溜放调车区集中联锁设备时，准许溜放调车（见图 4-52）。

图 4-52　调车色灯信号机显示之二

（3）一个蓝色灯光——不准越过该信号机调车（见图 4-53）。

图 4-53　调车色灯信号机显示之三

不办理闭塞的站内岔线，在岔线入口处设置的调车信号机，可用红色灯光代替蓝色灯光（见图 4-54）。

在尽头式到发线上设置的起阻挡列车运行作用的调车信号机，应用矮型三显示机构，增加红色灯光或用红色灯光代替蓝色灯光。当该信号机的红色灯光熄灭，显示不明或显示不正确时，应视为列车的停车信号（见图 4-55）。

图 4-54　调车色灯信号机显示之四　　　图 4-55　调车色灯信号机显示之五

十、色灯复示信号机

（一）色灯复示信号机的设置位置

出站、进站、进路信号机，因受地形、地物影响达不到规定的显示距离时，应设色灯复示信号机。

（二）色灯复示信号机的显示方式

1．进站色灯复示信号机采用灯列式机构，显示下列信号

（1）两个月白色灯光与水平线构成 60° 角显示——表示进站信号机显示列车经道岔直向位置向正线接车信号（见图 4-56）。

图 4-56　进站色灯复示信号机显示之一

（2）两个月白色灯光水平位置显示——表示进站信号机显示列车经道岔侧向位置接车信号（见图4-57）。

（3）无显示——表示进站信号机在关闭状态（见图4-58）。

图4-57　进站色灯复示信号机显示之二　　　图4-58　进站色灯复示信号机显示之三

2．出站及进路色灯复示信号机显示下列信号

（1）一个绿色灯光——表示出站或进路信号机在开放状态（见图4-59）。

（2）无显示——表示出站或进路信号机在关闭状态。

3．调车色灯复示信号机显示下列信号

（1）一个月白色灯光——表示调车信号机在开放状态（见图4-60）。

图4-59　出站及进路色灯复示信号机显示　　　图4-60　调车色灯复示信号机显示

（2）无显示——表示调车信号机在关闭状态。

进站、出站、进路、驼峰及调车色灯复示信号机均采用方形背板，以区别于一般信号机。

任务三　机车信号

【教学目标】

1. 能力目标

要求学生能正确识别机车信号的显示。

2. 知识目标

掌握机车信号的显示方式。

3. 素质目标

培养学生爱岗敬业、善于思考的能力。

【工作任务】

本次工作的主要任务是：通过本任务的学习，使学生能掌握机车信号的显示方式；能正确分辨机车信号显示与地面显示是否一致。

【相关配套知识】

电力机车司机室内的机车信号机及其附属设备统称为机车信号。机车上机车信号机的显示应与线路上列车接近的地面信号机的显示相符，从而为机车乘务员操纵列车提供可靠的运行条件，确保行车安全，提高运输效率。但是机车停车位置应以地面信号机为依据。

一、三显示自动闭塞区段连续式机车信号机

（1）一个绿色灯光——准许列车按规定速度运行，表示列车接近的地面信号机显示绿色灯光（见图 4-61）。

图 4-61　三显示自动闭塞区段连续式机车信号机显示之一

（2）一个半绿半黄色灯光——准许列车按规定速度注意运行，表示列车接近的地面信号机显示一个绿色灯光和一个黄色灯光（见图4-62）。

图 4-62　三显示自动闭塞区段连续式机车信号机显示之二

（3）一个黄色灯光——要求列车注意运行，表示列车接近的地面信号机显示一个黄色灯光，并预告次一架地面信号机处于关闭状态（见图4-63）。

图 4-63　三显示自动闭塞区段连续式机车信号机显示之三

（4）一个带"2"字的黄色闪光——要求列车注意运行，表示接近的地面信号机显示一个黄色灯光，预告次一架地面信号机开放经18号及以上道岔侧向位置进路，且列车运行前方第三架信号机开通直向进路或开放经18号及以上道岔侧向位置的进路（见图4-64）。

（5）一个带"2"字的黄色灯光——要求列车注意运行，表示接近的地面信号机显示一个黄色灯光，并预告次一架地面信号机开放经道岔侧向位置的进路（但不满足上述第（4）项条件）（见图4-65）。

图 4-64　三显示自动闭塞区段连续式机车信号机显示之四

图 4-65　三显示自动闭塞区段连续式机车信号机显示之五

（6）一个双半黄色闪光——要求列车限速运行，表示列车接近的地面信号机开放经 18 号及以上道岔侧向位置进路，且次一架信号机开放经道岔直向或 18 号及以上道岔侧向位置进路，或表示列车接近设有分歧道岔线路所的地面信号机开放经 18 号及以上道岔侧向位置进路，显示一个黄色闪光和一个黄色灯光（见图 4-66）。

图 4-66　三显示自动闭塞区段连续式机车信号机显示之六

（7）一个双半黄色灯光——要求列车限速运行，表示列车接近的地面信号机开放经道岔侧向位置的进路（但不满足上述第（6）项条件），显示两个黄色灯光，或其他相应显示（见图 4-67）。

图 4-67　三显示自动闭塞区段连续式机车信号机显示之七

（8）一个半黄半红色闪光——表示列车接近的进站、接车进路或接发车进路信号机显示引导信号或通过信号机显示容许信号（见图 4-68）。

图 4-68　三显示自动闭塞区段连续式机车信号机显示之八

（9）一个半黄半红色灯光——要求及时采取停车措施，表示列车接近的地面信号机显示红色灯光（见图 4-69）。

图 4-69　三显示自动闭塞区段连续式机车信号机显示之九

（10）一个红色灯光——表示列车已越过地面上显示红色灯光的信号机（见图 4-70）。

图 4-70　三显示自动闭塞区段连续式机车信号机显示之十

（11）一个白色灯光——不复示地面上的信号显示，机车乘务人员应按地面信号机的显示运行（见图 4-71）。

图 4-71　三显示自动闭塞区段连续式机车信号机显示之十一

无显示时，表示机车信号机在停止工作状态。

二、四显示自动闭塞区段连续式机车信号机

（1）一个绿色灯光——同三显示（见图 4-61）。
（2）一个半绿半黄色灯光——准许列车按规定速度运行，要求注意，表示列车接近的地面信号机显示一个绿色灯光和一个黄色灯光（见图 4-72）。

图 4-72　四显示自动闭塞区段连续式机车信号机显示之一

（3）一个黄色灯光——要求列车减速运行，表示列车应按规定的限速值越过接近的显示一个黄色灯光的地面信号机，并预告次一架地面信号机处于关闭状态（见图 4-73）。

图 4-73　四显示自动闭塞区段连续式机车信号机显示之二

（4）一个带"2"字的黄色闪光——要求列车注意运行，表示接近的地面信号机显示一个黄色灯光，预告次一架地面信号机开放经 18 号及以上道岔侧向位置进路，且列车运行前方第三架信号机开通直向进路或开放经 18 号及以上道岔侧向位置的进路（见图 4-74）。

图 4-74　四显示自动闭塞区段连续式机车信号机显示之三

（5）一个带"2"字的黄色灯光——要求列车减速到规定的速度等级越过接近的显示一个黄色灯光的地面信号机，并预告次一架地面信号机开放经道岔侧向位置的进路（但不满足上述第（4）项条件）（见图 4-75）。

图 4-75　四显示自动闭塞区段连续式机车信号机显示之四

（6）一个双半黄色闪光——同三显示（见图 4-66）。
（7）一个双半黄色灯光——同三显示（见图 4-67）。
（8）一个半黄半红色闪光——同三显示（见图 4-68）。
（9）一个半黄半红色灯光——同三显示（见图 4-69）。
（10）一个红色灯光——同三显示（见图 4-70）。
（11）一个白色灯光——同三显示（见图 4-71）。
无显示时，表示机车信号机在停止工作状态。

任务四　移动信号

【教学目标】

1. 能力目标
要求学生能正确识移动信号。
2. 知识目标
掌握移动信号的显示方式。
3. 素质目标
培养学生爱岗敬业、善于思考的能力。

【工作任务】

本次工作的主要任务是：通过本任务的学习，使学生能掌握移动信号的显示方式，能识别移动信号，并依据相应的显示来安全行车。

【相关配套知识】

一、移动信号

移动信号用于线路故障、站内或区间施工时，临时性禁止列车驶入或要求慢行的地段，应设置移动信号进行防护。移动信号根据需要临时设置或撤除。

1．停车信号

停车信号主要设置在线路故障或施工地点前后，以防止列车驶入防护地点。

显示方式见图 4-76。昼间与夜间均为表面有反光材料的红色方牌。

图 4-76　停车信号

2．减速信号

减速信号用于线路故障排除后或施工中以及施工前、后，线路质量低于正常运行速度要求的临时性慢行地段。

显示方式见图 4-77。

图 4-77　减速信号

（1）昼间与夜间均为表面有反光材料的黄底黑字圆牌。

减速信号牌应标明每小时限速公里数（如未标明时，一律按 25 km/h 以下速度运行）。

（2）施工及其限速区段，按不同速度等级列车（最高运行速度大于 120 km/h 的旅客列车、行邮列车及最高运行速度为 120 km/h 的货物列车、行包列车）的紧急制动距离，在原减速信号牌外方增设特殊减速信号牌，昼间与夜间均为表面有反光材料的黄底黑字 T 圆牌（见图 4-78）。

图 4-78　带 T 的减速信号

（3）减速防护地段终端信号。表示列车已驶出慢行地段，可以恢复正常速度运行。减速防护地段终端信号与减速信号在一个信号圆牌上，一面为黄色，一面为绿色。

显示方式见图 4-79。

昼间与夜间均为表面有反光材料的绿色圆牌。在单线区段，司机应看线路右侧减速信号牌背面的绿色圆牌。

图 4-79　减速防护地段终端信号

3．防护信号

在站内线路上检查、修理、整备车辆时，应在列车两端来车方向的左侧钢轨上设置带有脱轨器的固定或移动信号牌（灯）进行防护（见图 4-80），前后两端的防护距离均应不少于 20 m；不足 20 m 时，应将道岔锁闭在不能通往该线的位置。

旅客列车在到发线上进行技术检查时，用停车信号防护，可不设脱轨器。

图 4-80　带脱轨器的防护信号牌（灯）

二、响墩及火炬信号

响墩及火炬信号是用于线路（包括桥梁隧道）遇到灾害、发生故障或列车在区间内发生事故，以及其他原因被迫停车时，防止前方或后方开来的列车发生列车脱轨或冲突而设置的临时紧急停车信号。

1．显示要求

响墩爆炸声及火炬信号的火光均要求紧急停车。停车后如无防护人员，机车乘务员应立即检查前方线路，如无异状，列车以在瞭望距离内能随时停车的速度继续运行，但最高不得超过 20 km/h。在自动闭塞区间，运行至前方第一个通过信号机前，如无异状，即可按该信号机显示的要求执行；在非自动闭塞区间，经过 1 km 后，如无异状，可恢复正常速度运行。

2．使用方法

（1）响墩：3 个响墩为一组，在距防护对象（指停车列车、妨碍行车地点等）的规定距离处，顺来车方向的左侧钢轨上放置一个。然后，向远离防护对象方面间隔 20 m 右侧钢轨上放置一个，隔 20 m 在左侧钢轨上再放置一个。安放时应尽量避免放于道岔、钢轨接头处及无砟桥及隧道内，并应避免列车停车后停在桥梁上或隧道内。

凡使用响墩时，均应有手持停车手信号的防护人员看守。防护人员应站在距防护对象最近的一个响墩的内方 20 m 处（见图 4-81）。

图 4-81　响墩放置要求

（2）火炬。

① 插式——使用时先将铁支架向下推出约 120 mm，然后撕开火炬帽，露出发火药头。再用擦火帽擦燃发火药头，出现红光后，顺风向与地面成 45° 角插在道心。

② 投式——使用时先将铁帽拧下（不要解开铁翘紧口线）取擦火帽，擦燃出现红光后，轻轻放在道心，待其火焰烧断口线后，火炬则自行升起。

火炬没有安放距离要求，但要保证足够的瞭望距离。

三、无线调车灯显信号

调车作业时应采用无线调车灯显设备，使用规定频率，其显示方式须符合有关要求。无线调车灯显制式（见图 4-82）的信号显示方式如下：

（1）一个红灯——停车信号。
（2）一个绿灯——推进信号。
（3）绿灯闪数次后熄灭——起动信号。
（4）绿、红灯交替后绿灯长亮——连接信号。
（5）绿、黄灯交替后绿灯长亮——溜放信号。
（6）黄灯闪后绿灯长亮——减速信号。
（7）黄灯长亮——十、五、三车距离信号。
① 十车距离信号（加辅助语音提示）。
② 五车距离信号（加辅助语音提示）。
③ 三车距离信号（加辅助语音提示）。
（8）两个红灯——紧急停车信号。
（9）先两个红灯后熄灭一个红灯——解锁信号。

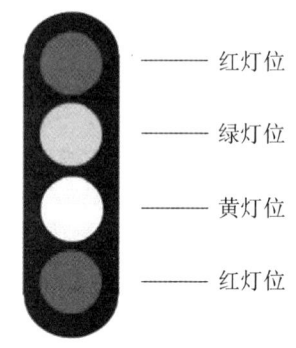

图 4-82　无线调车灯显制式

任务五　手信号

【教学目标】

1. 能力目标
要求学生能正确识别手信号的显示。
2. 知识目标
掌握手信号的显示方式。
3. 素质目标
培养学生爱岗敬业、善于思考的能力。

【工作任务】

本次工作的主要任务是：通过本任务的学习，使学生能掌握手信号的显示方式；学生能正确识别手信号，并依据其显示安全行车。

【相关配套知识】

一、手信号的作用及显示要求

手信号是铁路行车有关人员在作业中，进行指挥、联系等工作广泛采用的一种视觉信号，是指用手拿信号旗、信号灯或直接用手臂显示的信号。根据行车的需要，可以机动地指挥列车运行和调车作业，也可作为联系和传达行车有关事项的旗（灯）语。

手信号按用途可分为：指示列车运行条件的手信号、调车手信号、联系用的手信号、列车制动机试验手信号及指示电力机车司机临时升降弓的手信号五类。

在显示手信号时，必须严肃、认真，应做到"横平、竖直、灯正、圈圆"。

手信号显示指示列车运行条件的停车、减速、通过、引导信号，与固定信号机显示的相应信号具有同等的作用，行车有关人员必须认真按其显示执行。

凡昼间持有信号旗的人员，应将信号旗拢起，左手持红旗，右手持绿旗（扳道员右手持黄旗），不持信号旗的人员徒手按规定方式显示信号。

二、指示列车运行条件的手信号

列车运行时有关人员发出的各种信号，无论在正常情况下还是在特殊情况下，对组织指挥列车安全、正确、及时地在本站出发和在区间运行都有重要作用，其显示方式如下。

1. 停车信号

停车信号要求列车停车。

昼间——展开的红色信号旗；夜间——红色灯光（见图4-83）。

图4-83　停车手信号之一

昼间无红色信号旗时，两臂高举头上向两侧急剧摇动；夜间无红色灯光时，用白色灯光，上下急剧摇动（见图4-84）。

图 4-84　停车手信号之二

2．减速信号

减速信号要求列车降低到要求的速度。

昼间——展开的黄色信号旗；夜间——黄色灯光（见图 4-85）。

图 4-85　减速手信号之一

昼间无黄色信号旗时，用绿色信号旗下压数次；夜间无黄色灯光时，用白色或绿色灯光下压数次（见图 4-86）。

图 4-86　减速手信号之二

3．发车指示信号

发车指示信号要求运转车长显示发车信号。

昼间——高举展开的绿色信号旗靠列车方面上下缓动；夜间——高举绿色灯光上下缓动（见图 4-87）。

图 4-87　发车指示手信号

4．发车信号

发车信号要求司机发车。

昼间——展开的绿色信号旗上弧线向列车方面作圆形转动；夜间——绿色灯光上弧线向列车方面作圆形转动（见图 4-88）。

图 4-88　发车手信号

在设有发车表示器的车站，按发车表示器显示发车。

5．通过手信号

通过手信号准许列车由车站（场）通过。

昼间——展开的绿色信号旗；夜间——绿色灯光（见图 4-89）。

图 4-89　通过手信号

6．引导手信号

引导手信号准许列车进入车场或车站。

昼间——展开的黄色信号旗高举头上左右摇动；夜间——黄色灯光高举头上左右摇动（见图 4-90）。

图 4-90　引导手信号

7．特定引导手信号

特定引导手信号显示方式：

昼间——为展开绿色信号旗高举头上左右摇动；夜间——为绿灯高举头上左右摇动（见图 4-91）。

图 4-91　特定引导手信号

三、调车手信号

调车手信号仅在调车工作中指挥调车机车活动时使用。调车指挥人通过调车手信号的不同显示，控制调车机车的运行方向、起车、停车及加速、减速等。为保证调车作业的安全，调车指挥人应正确及时地显示手信号，调车机车司机应正确及时地执行手信号的要求，做到有机配合、协同动作。

1．停车信号

昼间——展开的红色信号旗；夜间——红色灯光（见图4-83）。

2．减速信号

昼间——展开的绿色信号旗下压数次；夜间——绿色灯光下压数次（见图4-86）。

3．指挥机车向显示人方向来的信号

昼间——展开的绿色信号旗在下部左右摇动；夜间——绿色灯光在下部左右摇动（见图4-92）。

图4-92　指挥机车向显示人方向来的信号

4．指挥机车向显示人方向稍行移动信号

昼间——拢起的红色信号旗直立平举，再用展开的绿色信号旗左右小动；夜间——绿色灯光下压数次后，再左右小动（见图4-93）。

图4-93　指挥机车向显示人方向稍行移动信号

5．指挥机车向显示人反方向去的信号

昼间——展开的绿色信号旗上下摇动；夜间——绿色灯光上下摇动（见图 4-94）。

图 4-94　指挥机车向显示人反方向去的信号

6．指挥机车向显示人反方向稍行移动的信号

昼间——拢起的红色信号旗直立平举，再用展开的绿色信号旗上下小动；夜间——绿色灯光上下小动（见图 4-95）。

图 4-95　指挥机车向显示人反方向稍行移动的信号

对显示本条第 2、3、4、5、6 项中转信号时，昼间可用单臂，夜间可用白色灯光依式中转。

四、联系用的手信号

为了解决办理列车运行和调车工作中行车有关人员不能用口头或通信设备彼此联系的事项，规定了联系用手信号。联系用手信号种类多、使用面广，作为一种传递信息的手段，在铁路行车作业中发挥着重要的作用。行车有关人员必须熟练地掌握每个联系用手信号的作用、显示方式和要求，及时准确地运用，以达到沟通意图、协调行动、保证安全的目的。

1．过标信号

过标信号指列车整列进入警冲标内方，运转车长与接车人员显示的信号。

昼间——拢起的手信号旗作圆形转动（见图 4-96）；夜间——白色灯光作圆形转动（见图 4-97）。

图 4-96　昼间过标手信号

图 4-97　夜间过标手信号

2．互检信号

运转车长与接发车人员、巡道人员，或在双线区段列车交会时，与邻线的运转车长显示的互检信号，以示列车安全运行。

昼间——拢起的手信号旗高举；夜间——白色灯光高举（见图 4-98）。

图 4-98　互检手信号

3. 道岔开通信号

道岔开通信号表示进路道岔准备妥当。

昼间——拢起的黄色信号旗高举头上左右摇动；夜间——白色灯光高举头上（见图 4-99）。

图 4-99　进路道岔开通手信号

机车出入段进路道岔准备妥当后，显示如下道岔开通信号：

昼间——展开的黄色信号旗高举头上左右摇动；夜间——黄色灯光高举头上左右摇动（见图 4-100）。

图 4-100　机车出入段道岔开通手信号

4. 股道号码信号

股道号码信号表示要道或回示股道开通号码。

一道：昼间——两臂左右平伸；夜间——白色灯光左右摇动（见图 4-101）。

图 4-101　一道手信号

二道：昼间——右臂向上直伸，左臂下垂；夜间——白色灯光左右摇动后，从左下方向右上方高举（见图 4-102）。

图 4-102　二道手信号

三道：昼间——两臂向上直伸；夜间——白色灯光上下摇动（见图 4-103）。

图 4-103　三道手信号

四道：昼间——右臂向右上方，左臂向左下方各斜伸 45°角；夜间——白色灯光高举头上左右小动（见图 4-104）。

图 4-104　四道手信号

五道：昼间——两臂交叉于头上；夜间——白色灯光作圆形转动（见图 4-105）。

图 4-105　五道手信号

六道：昼间——左臂向左下方，右臂向右下方，各斜伸 45° 角；夜间——白色灯光作圆形转动后，再左右摇动（见图 4-106）。

图 4-106　六道手信号

七道：昼间——右臂向上直伸，左臂向左平伸；夜间——白色灯光作圆形转动后，左右摇动，然后再从左下方向右上方高举（见图 4-107）。

图 4-107　七道手信号

八道：昼间——右臂向右平伸，左臂下垂；夜间——白色灯光作圆形转动后，再上下摇动（见图 4-108）。

图 4-108　八道手信号

九道：昼间——右臂向右平伸，左臂向右下斜伸 45°角；夜间——白色灯光作圆形转动后再高举头上左右小动（见图 4-109）。

图 4-109　九道手信号

十道：昼间——左臂向左上方，右臂向右上方，各斜伸 45°角；夜间——白色灯光左右摇动后，再上下摇动成十字形（见图 4-110）。

图 4-110　十道手信号

十一至十九道，须先显示十道股道号码，再显示所要股道号码的个位数信号。

二十道及其以上的股道号码，各站根据需要自己规定，并纳入《站细》。

5．连接信号

连接信号表示连挂作业。

昼间——两臂高举头上，使拢起的手信号旗杆成水平末端相接；夜间——红、绿色灯光（无绿色灯光的人员，用白色灯光）交互显示数次（见图 4-111）。

图 4-111　连接手信号

6．溜放信号

溜放信号表示溜放作业。

昼间——拢起的手信号旗两臂高举头上交叉后，急向左右摇动数次；夜间——红色灯光作圆形转动（见图 4-112）

图 4-112　溜放手信号

7．停留车位置信号

停留车位置信号表示车辆停留地点。

夜间——白色灯光左右小摇动（见图 4-113）。

图 4-113　停留车位置手信号

8．十、五、三车距离信号

十、五、三车距离信号表示推进车辆的前端距被挂车辆的距离。

昼间——展开的绿色信号旗单臂平伸；夜间——绿色灯光，在距离停留车十车（约 110 m）时连续下压 3 次，五车（约 55 m）时连续下压两次，三车（约 33 m）时下压一次（见图 4-114）。

图 4-114　十、五、三车距离手信号

9．取消信号

取消信号通知将前发信号取消。

昼间——拢起的手信号旗，两臂于前下方交叉后，急向左右摇动数次；夜间——红色灯光作圆形转动后上下摇动（见图 4-115）。

图 4-115　取消信号

10. 要求再度显示信号

要求再度显示信号表示前发信号不明，要求重新显示。

昼间——拢起的手信号旗右臂向右方上下摇动；夜间——红色灯光上下摇动（见图4-116）。

图 4-116　要求再度显示手信号

11. 告知显示错误的信号

告知显示错误的信号表示告知对方信号显示错误。

昼间——拢起的手信号旗两臂左右平伸同时上下摇动数次；夜间——红色灯光左右摇动（见图4-117）。

图 4-117　告知显示错误手信号

五、试验列车自动制动机的手信号

为了保证列车制动机作用良好，于列车到达后或始发前必须按规定的制动机性能试验项目和要求，进行列车制动机试验。因检车人员不配备手信号旗和信号灯，所以规定昼间使用检查锤，夜间使用白色灯光，作为制动机试验时的手信号显示。

车站值班员或运转车长昼间显示上述手信号时，可使用拢起的手信号旗代替。司机应注意瞭望试风信号，并按规定鸣笛回示。

1．制动

昼间——用检查锤高举头上；夜间——白色灯光高举（见图 4-118）。

图 4-118　列检人员要求制动手信号

2．缓解

昼间——用检查锤在下部左右摇动；夜间——白色灯光在下部左右摇动（见图 4-119）。

图 4-119　列检人员要求缓解手信号

3．试验完了

昼间——用检查锤作圆形转动；夜间——白色灯光作圆形转动（见图 4-120）。

图 4-120　列车制动机试验完了手信号

六、临时升降弓手信号

突然发现接触网故障需要机车临时降弓通过时,发现的人员应在规定地点显示以下手信号:

1．降弓手信号

昼间——左臂垂直高举,右臂前伸并左右水平重复摇动;夜间——白色灯光上下左右重复摇动(见图 4-121)。

图 4-121　降弓手信号

2．升弓手信号

昼间——左臂垂直高举,右臂前伸并上下重复摇动;夜间——白色灯光作圆形转动(见图 4-122)。

图 4-122　升弓手信号

任务六　信号表示器及信号标志

【教学目标】

1．能力目标

要求学生能正确识别信号表示器和信号标志。

2．知识目标

掌握信号表示器和信号标志的显示方式。

3. 素质目标

培养学生爱岗敬业、善于思考的能力。

【工作任务】

本次工作的主要任务是：通过本任务的学习，使学生能正确识别信号表示器和信号标志，并依据其显示安全行车。

【相关配套知识】

一、表示器

信号表示器与信号机不同，信号机是用来防护进路、防护区间、防护危险地点的；信号表示器则没有防护意义，仅用来表示行车人员的意图、行车设备的位置和状态及信号机显示的附加意义等，通过它表示对列车运行或调车工作发出指示。

（一）道岔表示器

道岔表示器设在所属道岔的旁侧，用于表示所属道岔位置即开通方向，以便有关行车人员能随时确认行车进路。其显示方式如下：

（1）昼间无显示；夜间为紫色灯光——表示道岔位置开通直向（见图4-123）。

图 4-123 道岔表示器之一

（2）昼间为中央划有一条鱼尾形黑线的黄色鱼尾形牌；夜间为黄色灯光——表示道岔位置开通侧向（见图4-124）。

图 4-124 道岔表示器之二

（3）在调车区为电气集中时，进行连续溜放作业的分歧道岔应有道岔表示器，平时无显示，当进行溜放作业时，其显示方式（见图4-125）如下：

① 紫色灯光——表示道岔开通直向；

② 黄色灯光——表示道岔开通侧向。

图4-125　道岔表示器之三

（二）脱轨表示器

脱轨表示器设在非集中的脱轨器和引向安全线、避难线的道岔旁，用以表示线路的开通或遮断状态。其显示方式如下：

（1）昼间为带白边的红色长方牌；夜间为红色灯光——表示线路在遮断状态（见图4-126）。

图4-126　脱轨表示器之一

（2）昼间为带白边的绿色圆牌；夜间为月白色灯光——表示线路在开通状态（见图4-127）。

图4-127　脱轨表示器之二

（三）进路表示器

当出站信号机有两个以上的运行方向，而信号显示不能分别表示进路时，在出站信号机上应设进路表示器，以区分进路开通方向。

发车进路兼作出站信号机，根据需要也可设进路表示器。

进路表示器仅在其主体信号机开放后才能着灯，用于区别进路开通方向，不能独立构成信号显示。显示方式如下：

（1）两个发车方向，当信号机在开放的条件下，分别按左、右两个白色灯光，区别进路开通方向。

（2）三个发车方向，其显示如下：

① 信号机在开放状态及机柱左方显示一个白色灯光——表示进路开通，准许列车向左侧线路发车（见图 4-128）。

② 信号机在开放状态及机柱中间显示一个白色灯光——表示进路开通，准许列车向中间线路发车（见图 4-129）。

图 4-128　进路表示器之一　　　　图 4-129　进路表示器之二

③ 信号机在开放状态及机柱右方显示一个白色灯光——表示进路开通，准许列车向右侧线路发车（见图 4-130）。

图 4-130　进路表示器之三

④ 四个及其以上发车方向，进路表示器按灯光排列表示。

（四）发车线路表示器

设有线群出站信号时，应在线群一条线路的警冲标内方适当地点装设发车线路表示器，用以表示线路的开通状态。其显示方式如下：

发车线路表示器在线群出站信号机开放后显示一个白色灯光——准许该线路上的列车发车（见图 4-131）。

图 4-131　发车线路表示器

不许发车的线路，所属该线路的发车线路表示器不能着灯。

发车线路表示器可用于驼峰调车场，作为调车线路表示器，显示一个白色灯光——准许调车。

（五）发车表示器

对于发车指示信号或发车手信号辨认困难而中转信号又将延误时间的线路，为了便于司机、运转车长及时获得信号指示，装设发车表示器用以代替发车手信号，以免耽误列车出发。其显示方式如下：

发车表示器经常不着灯；显示一个白色灯光——表示运转车长准许发车（见图 4-132）。

图 4-132　发车表示器

（六）调车表示器

在作业繁忙的调车场，因受地形地物的影响调车司机看不清调车指挥人的手信号时，应设调车表示器，用以代替调车指挥人的手信号。调车表示器向前后两方均能单独显示：一方向着调车区，一方向着牵出线。其显示方式如下：

（1）向调车区方向显示一个白色灯光——准许机车车辆自调车区向牵出线运行（见图4-133）。

（2）向牵出线方向显示一个白色灯光——准许机车车辆自牵出线向调车区运行（见图4-134）。

图 4-133　调车表示器之一

图 4-134　调车表示器之二

（3）向牵出线方向显示两个白色灯光——准许机车车辆自牵出线向调车区溜放（见图4-135）。

图 4-135　调车表示器之三

（七）车挡表示器

车挡表示器设置在线路终端的车挡上（安全线及避难线可不设车挡表示器），用于表示线路的终端。其显示方式如下：

昼间一个红色方牌；夜间显示一个红色灯光（见图 4-136）。

图 4-136　车挡表示器

二、信号标志

信号标志指表示线路所在地点的情况和状态，指示行车人员依据各标志的要求，及时正确地进行作业的标志。如警冲标、司机鸣笛标、作业标、减速地点标、机车停车位置标、电气化区段的断电标、合电标、接触网终点标以及除雪机用的临时信号标志等。

信号标志设在列车运行方向左侧，距钢轨头部外侧不少于 2 m 处（警冲标除外）。不超过钢轨顶面的标志，可设在距钢轨头外侧不少于 1.35 m 处。其设置地点如下：

1．警冲标

警冲标设在两会合线路中心线间距离为 4 m 的中间，线间距离不足 4 m 时，设在两线路中心线最大间距的起点处（见图 4-137）。在线路曲线部分所设道岔附近的警冲标与线路中心线间的距离应按限界的加宽增加。其用途是指示机车车辆停车时不准向道岔方向或线路平面交叉处所越过的地点。

图 4-137　警冲标

2．站界标

站界标设在双线区间列车运行方向左侧最外方顺向道岔（对向出站道岔的警冲标）外不少于 50 m 处，或邻线进站信号机相对处（见图 4-138），表示区间与车站的分界处。

3．预告标

预告标设在进站信号机外方 900 m、1 000 m 及 1 100 m 处（见图 4-139）。但在设有预告信号机及自动闭塞的区段均不设预告标。

图 4-138 站界标

图 4-139 预告标

在双线区间退行的列车看不见邻线的预告标时,在距站界 1 100 m 处特设一个预告标(见图 4-140)。

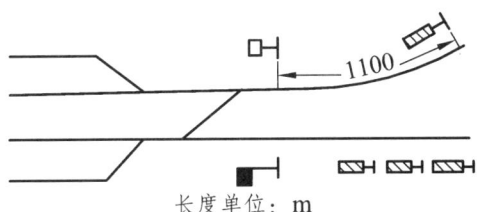

图 4-140 双线区间特设预告标的设置位置

4．引导员接车地点标

列车在距离站界 200 m 以外,不能看见引导人员在进站信号机或站界标处显示的手信号时,须在列车距站界 200 m 外能清晰地看见引导人员手信号的地点设置引导员接车地点标(见图 4-141)。

图 4-141 引导接车地点标

5．司机鸣笛标

司机鸣笛标设在道口、大桥、隧道及视线不良地点的前方 500～1 000 m 处(见图 4-142)。司机见此标志,须长声鸣笛。

图 4-142 司机鸣笛标

6．断电标、T 断电标（见图 4-143）、合电标（见图 4-144）、禁止双弓标、T 禁止双弓标（见图 4-145）及其设置位置（见图 4-146）

图 4-143 断电标、T 断电标

图 4-144 合电标

图 4-145 禁止双弓标、T 禁止双弓标

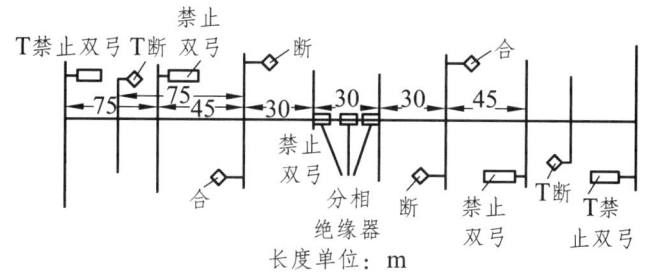

图 4-146 受电弓禁止双弓、断电、合电等信号标志设置位置图

在双线电气化区段，按规定组织反方向行车时，为引起司机注意，在"合"、"断"电标背面，可分别加装"断"、"合"字标作为反方向行车的"断"、"合"电标使用。

7．接触网终点标

接触网终点标设在站内接触网边界（见图 4-147）。

图 4-147 接触网终点标

8．准备降下受电弓标、T 准备降下受电弓标（见图 4-148）、降下受电弓标、T 降下受电弓标（见图 4-149）、升起受电弓标（见图 4-150）及其设置位置（见图 4-151）

图 4-148 准备降下受电弓标、T 准备降下受电弓标

图 4-149 降下受电弓标、T 降下受电弓标

图 4-150　升起受电弓标

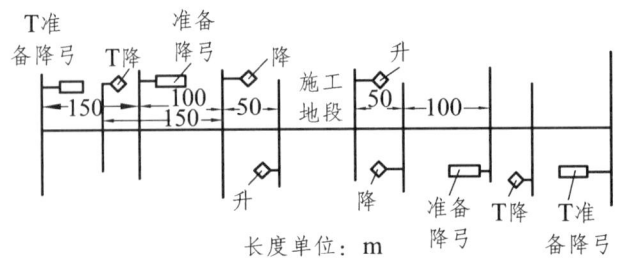

图 4-151　准备降弓、降弓、升弓等信号标志设置位置图

9．作业标

作业标设在施工线路及其邻线距施工地点两端 500～1 000 m 处（见图 4-152）。司机见此标志须提高警惕，长声鸣笛。

图 4-152　作业标

10．减速地点标

减速地点标设在需要减速地点的两端各 20 m 处。正面表示列车应按规定限速通过地段的始点，背面表示列车应按规定限速通过地段的终点（见图 4-153）。

项目四　铁路行车信号

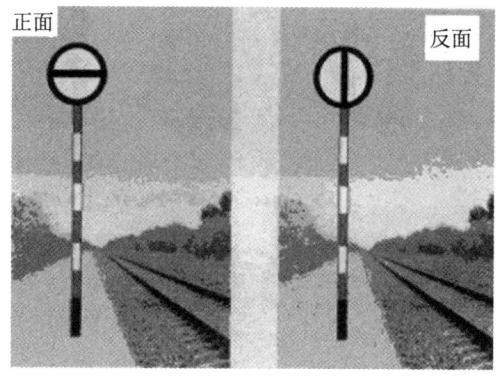

图 4-153　减速地点标

11．桥梁减速信号牌

桥梁减速信号牌为黄底、黑色图案、黑字，上部标明客运列车限制速度，下部标明货运列车限制速度（见图 4-154）。

图 4-154　桥梁减速信号牌

12．补机终止推进标（见图 4-155）和机车停车位置标（见图 4-156）

图 4-155　补机终止推进标

图 4-156　机车停车位置标

13．四显示机车信号接通标

四显示机车信号接通标为涂有白底色、黑竖线、黑框的反光菱形板及黑白相间的立柱标志（见图 4-157）。

图 4-157　四显示机车信号接通标

14．四显示机车信号断开标

四显示机车信号断开标为涂有白底色、中间断开的黑横线、黑框的反光菱形板及黑白相间的立柱标志（见图 4-158）。

图 4-158　四显示机车信号断开标

15．四显示区段调谐标

Ⅰ型为反向区间停车位置标，涂有白底色、黑框、黑"停"字、斜红道，写有 26 m（或 35 m）字样的反光菱形板标志（见图 4-159）。

Ⅱ型为反方向行车困难区段的容许信号标，涂有黄底色、黑框、黑"停"字、斜红道，写有 26 m（或 35 m）字样的反光菱形板标志（见图 4-160）。

图 4-159　四显示区段Ⅰ型调谐标　　　　图 4-160　四显示区段Ⅱ型调谐标

Ⅲ型为反方向运行合并轨道区段之间的调谐区或因轨道电路超过允许长度而设立分隔点调谐区标志，涂有蓝底色、黑框、白"停"字、斜红道，写有 26 m（或 35 m）字样的反光菱形板标志（见图 4-161）。

图 4-161　四显示区段Ⅲ型调谐标

16．四显示区段点式设备标

四显示区段点式设备标为涂有黄底色、黑框的反光直角三角形板及黑白相间的立柱，三角形的底角指向线路点式环线中心（见图 4-162）。

图 4-162 四显示区段点式设备标

17．通知操纵除雪机人员的临时信号标志

（1）除雪机工作阻碍标——表示前面有道口、道岔、桥梁等建筑物，妨碍除雪机在工作状态下通过。

（2）除雪机工作阻碍解除标——表示已通过阻碍地点。

上述标志的设置见图 4-163。

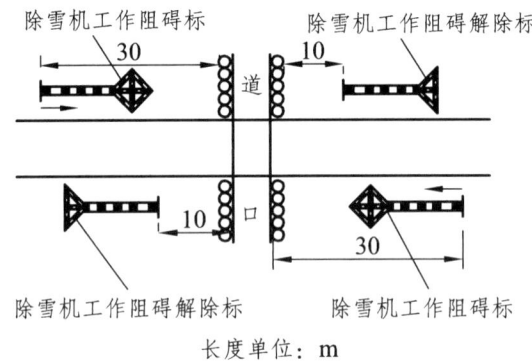

图 4-163 除雪机有关标志及其设置

三、线路标志

线路标志有公里标、半公里标、曲线标、圆曲线和缓和曲线的始终点标、桥梁标、坡度标，以及铁路局、工务段、领工区、养路工区和供电段、水电段的界标。

线路标志设在距钢轨头部外侧不少于 2 m 处。不超过钢轨顶面的标志，可设在距钢轨头部外侧不少于 1.35 m 处。线路标志按计算公里方向设在左侧；双线区段须另设线路标志时，应设在列车运行方向左侧。其设置位置如下：

1．公里标、半公里标

公里标、半公里标设在一条线路自起点计算每一整公里、半公里处，表示一条线路自起点至本标志的公里数（见图 4-164）。注：阿拉伯数字代表公里数，1/2 数字指半公里。

图 4-164　公里标、半公里标

2．曲线标

曲线标设在曲线中点处，标明曲线中心里程、半径大小、曲线和缓和曲线长度（见图 4-165）。

图 4-165　曲线标

3．圆曲线和缓和曲线始终点标

圆曲线和缓和曲线始终点标设在直缓、缓圆、圆缓、缓直各点处，标明所示方向为直线、圆曲线或缓和曲线（见图 4-166）。

图 4-166　圆曲线和缓和曲线始终点标

4．桥梁标

桥梁标设在桥梁中心里程（或桥头）处，标明桥梁编号和中心里程（见图 4-167）。

图 4-167　桥梁标

5．坡度标

坡度标设在线路坡度的变坡点处，两侧各标明其方向的上、下坡度值及其长度（见图 4-168）。

（1）坡度以千分率表示。

（2）箭头表示上、下坡道，如"↘"即为下坡，反之为上坡，平道表示为"<u>0</u>"。

（3）下列所标横列数字表示坡长，以 m 为单位。

图 4-168　坡度标

6．管界标

铁路局、工务段、领工区、养路工区和供电段、水电段的管理界标，设在各单位管辖地段的分界点处，两侧标明所属单位名称（见图 4-169）。

图 4-169　管界标

四、列车标志

列车应根据其种类及运行的线路和方向，在头部和尾部分别显示不同的列车标志。列车头部标志主要区别列车机车正向、逆向、推进运行的不同方式和在单线、双线上运行的方向；列车尾部标志除起防护列车的作用外，要使行车人员了解列车的完整程度和列车尾部的位置。

列车标志的显示方式昼夜相同，但昼间不点灯，其显示方式如下：

（1）列车在双线区段正方向及单线区段运行时，机车前端，一个头灯及中部右侧一个白色灯光（见图4-170）；列车尾部，两个侧灯，向后显示红色灯光，向前显示白色灯光，挂有列尾装置时，为列尾装置显示红白相间的反射标志和一个红色闪光灯光（见图4-171）。

图 4-170　列车在双线区段正方向及单线区段运行时机车前部标志

图 4-171　列车在双线区段正方向及单线区段运行时机车尾部标志

（2）列车在双线区段反方向运行时，机车前端，一个头灯及右侧一个红色灯光（见图4-172）；列车尾部标志与本条第1项相同。

图 4-172　列车在双线区段反方向运行时机车前部标志

（3）列车推进运行时，列车前端两个侧灯，向前显示红色灯光，向后显示白色灯光；挂有列尾装置时，为列尾装置向前显示红白相间的反射标志和一个红色闪光灯光（见图4-173）；机车后端中部左侧一个红色灯光（见图4-174）。

图4-173　列车推进运行时列车头部标志

图4-174　列车推进运行时电力机车后部标志

列车在双线区段正向推进运行时，列车前端向前显示左侧一个红色灯光，右侧一个白色灯光，向后显示左侧一个白色灯光；挂有列尾装置时，为列尾装置向前显示红白相间的反射标志和一个红色闪光灯光（见图4-175）。

图4-175　列车在双线区段正向推进运行时列车头部标志

（4）列车后部挂有补机时，机车后部标志与本条第3项相同。

（5）单机在双线区段正方向及单线区段运行时，机车前部标志与本条第1项同；后部标志与本条第 3 项同。

（6）单机在双线区段反方向运行时，机车前部标志与本条第 2 项同；后部标志与本条第 3 项相同。

（7）调车机车及机车出入段时，机车前端标志与本条第 1 项同；机车后端中部左侧一个白色灯光（见图 4-176）。

图 4-176　调车机车及机车出入段时机车后部标志

（8）重型轨道车运行时，前部一个白色灯光（见图 4-177）；后部一个红色灯光（见图 4-178）。

图 4-177　重型轨道车运行时前部标志　　图 4-178　重型轨道车运行时后部标志

（9）固定补机、小运转及调车的蒸汽机车在煤水车上应装设头灯。

任务七　听觉信号

【教学目标】

1．能力目标

要求学生能正确识别和鸣示听觉信号。

2．知识目标

掌握听觉信号的鸣示方式以及鸣示要求。

3. 素质目标

培养学生爱岗敬业、善于思考的能力。

【工作任务】

本次工作的主要任务是：通过本任务的学习，学生能正确识别和鸣示听觉信号，并依据其显示安全行车。

【相关配套知识】

一、使用要求

听觉信号是以不同的音响符号，通过口笛、号角、机车及轨道车的鸣笛等发出的音响而表示的一种信号。

由于铁路行车工作是由各工种联合劳动而进行的，彼此间有大量的工作需要联系，而许多工作又不能用口头、电话设备及视觉信号完全代替，所以规定了统一的听觉信号，以便于共同执行。

司机鸣示听觉信号时，应严格按照音节长短及间隔的规定标准进行，以防发生混淆。听觉信号的长声为 3 s，短声为 1 s，音响间隔为 1 s。重复鸣示时，须间隔 5 s 以上。

为了减少对城市的噪音干扰，在城市运行的所有列车和机车，以及在双线交会旅客列车时，一律鸣风笛。在市区及居民区附近担任调车和小运转列车的蒸汽机车，汽笛应予封闭，具体地区由铁路局规定。

二、鸣示方式

1. 机车、轨道车鸣笛鸣示方式（见表 4-1）

表 4-1　机车、轨道车鸣笛鸣示方式

名　称	鸣示方式	使用时机
起动注意信号	一长声　—	1. 列车起动或机车车辆前进时（双机牵引或使用补机时，本务机车鸣笛后，补机应回答，本务机车再鸣笛一长声后起动） 2. 接近车站、鸣笛标、曲线、道口、桥梁、隧道、行人、施工地点、黄色信号、引导信号、容许信号或天气不良时 3. 自动闭塞区间，通过信号机前停车后，能继续运行，通知运转车长时 4. 电力机车在检修及整备中，准备降下或升起受电弓时
退行信号	二长声　——	列车、机车车辆、单机开始退行时
召集信号	三长声　———	要求防护人员撤回时
开汽信号	一长一短声　—．	1. 本务机车要求补机开汽时（补机应以同样信号回答）

项目四　铁路行车信号

续表

名　称	鸣示方式	使用时机
关汽信号	一长两短声 －..	1. 本务机车要求补机开汽时（补机应以同样信号回答） 2. 列车后部补机行至补机终止推进标关汽时
途中降弓信号	一短一长声 .－	1. 电力机车双机牵引中，本务机车司机发现接触网故障，有刮坏受电弓的危险，要求补机降下受电弓时（补机须以同样信号回答） 2. 电力机车在途中发现有显示接触网故障的手信号时，应鸣此信号回示
呼唤信号	二短一长声 ..－	1. 机车要求出入段时 2. 在车站要求显示信号时
警报信号	一长三短声 －...	1. 发现线路有危及行车安全的不良处所时 2. 列车发生重大、大事故及其他需要救援情况时 3. 列车在区间内停车后，不能立即运行，通知运转车长时
试验自动制动机及复示信号	一短声 .	1. 试验制动机开始减压时 2. 接到试验结束的手信号回答试风人员时 3. 调车作业时，表示已接受调车长所发出的手信号时
缓解及溜放信号	二短声 ..	1. 试验制动机缓解时 2. 要求列车乘务组缓解手制动机时 3. 复示溜放调车信号时
拧紧手制动机信号	三短声 ...	1. 要求列车乘务组拧紧手制动机时 2. 要求就地制动时
紧急停车信号	连续短声	司机发现（或接到通知时）临线发生障碍，向临线上运行的列车发出紧急停车信号时，临线列车司机听到此种信号应立即紧急停车

2．口笛、号角鸣示方式（见表 4-2）

表 4-2　口笛、号角鸣示方式

用途及时机	鸣示方式	
发车、指示机车向显示人反方向移动	一长声	－
指示机车向显示人方向移动	一短一长声	.－
指示发车	一长一短声	－.
试验制动机减压	一短声	.
试验制动机缓解	二短声	..
试验制动机完了及安全信号	一短一长二短声	.－..
一道	一短声	.
二道	二短声	..
三道	三短声	...
四道	四短声	....
五道	五短声	.....
六道	一长一短声	－.
七道	一长二短声	－..
八道	一长三短声	－...
九道	一长四短声	－....

续表

用途及时机		鸣示方式	
十道		二长声	——
二十道		二短二长声	..——
十、五、三车距离信号	十车	三短声	...
	五车	二短声	..
	三车	一短声	.
联结及停留车位置		一长一短一长声	-.-
停车		连续短声	……
要求司机鸣笛		二长三短声	——...
试拉		一短声	.
减速		连续二短声	..
溜放		三长声	———
取消		二短一长声	..-
再显示		二短二长声	..——
列车接近通报信号	上行	二长声	——
	下行	一长声	-

【项目小结】

通过对本项目内容的学习，要熟练掌握铁路固定信号、机车信号、移动信号、临时防护信号、机车运行手信号、调车手信号、联系手信号、信号表示器、信号标志及听觉信号的使用时机和使用方法，在铁路运输生产中必须严格执行，确保铁路运输安全正点、方便快捷、高速高效。本项目的重点是行车信号的显示方式及所指示的行车条件，手信号的显示方式及所指示的行车条件。

【复习思考题】

1. 铁路信号的分类有几种？内容是什么？
2. 地面固定信号机按用途怎么分类？
3. 地面固定信号机按时间怎么分类？
4. 对铁路信号有哪些要求？
5. 地面固定信号机的显示距离有什么规定？
6. 说明信号机发生灯光熄灭等故障时的处理办法。
7. 视觉信号的基本颜色是什么？
8. 听觉信号由哪些器具发出？怎样表达不同的要求？
9. 信号机的定位是怎样规定的？
10. 信号机的关闭时机是怎样规定的？
11. 哪些信号机在灯光熄灭、显示不明或显示不正确时视为停车信号？
12. 无效信号机怎样处理？

13. 进站色灯信号机的作用、设置位置、显示方式及显示内容是什么？
14. 说明出站色灯信号机的作用、设置位置、显示方式及显示内容。
15. 说明自动闭塞通过色灯信号机的作用、设置位置、显示方式及显示内容。
16. 容许信号机的设置、显示及其显示意义是什么？
17. 在哪些地点设置遮断信号机？遮断信号机的显示方式及意义是什么？遮断信号机的外形有什么特点？
18. 说明调车信号机的作用、设置位置及显示方式。
19. 连续式机车信号机的显示方式及内容是什么？
20. 接近连续式机车信号机的显示方式及内容是什么？
21. 机车信号是否可作为主体信号？为什么？
22. 什么叫移动信号？移动信号的分类及使用有何规定？
23. 怎样使用响墩、火炬信号？执行响墩、火炬信号的要求是什么？
24. 什么叫手信号？显示手信号的要求是什么？
25. 列车运行手信号的显示方式有几种？内容是什么？
26. 调车手信号的显示方式有几种？内容是什么？
27. 联系用的手信号有几种？内容是什么？
28. 信号表示器有几种？显示方式是什么？
29. 什么叫信号标志？有哪几种类型？
30. 说明机车、轨道车的鸣笛方式及使用时机。

项目五 列车运行

【项目描述】

随着市场化经济的改革和发展,铁路运输企业必须面向市场。而列车运行是完成铁路运输任务的重要环节,是行车组织的一项主要内容,它由铁路运输各部门、各工种互相配合、协调动作,并正确合理使用铁路技术设备来完成。列车运行关系到人民生命财产的安全和铁路的运输效益,为此,有关行车人员必须严格执行各项规章制度,确保列车运行安全。

【教学目标】

1. 能力目标
(1) 遇列车在区间被迫停车,会按规定正确处理。
(2) 需要列车退行和分部运行时,会按规定正确处理。
(3) 遇路外伤亡事故时,会按规定正确处理。
2. 知识目标
(1) 掌握列车在区间被迫停车时的处理方法,会对列车进行正确的防护。
(2) 掌握列车退行和分部运行的行车方法。
(3) 掌握救援列车和路用列车的行车方法
(4) 掌握防止路外伤亡事故发生的措施,以及发生路外伤亡事故后的处理方法
3. 素质目标
(1) 培养爱岗敬业、遵章守纪、乐于奉献的职业精神。
(2) 养成精简细修、以质量促安全的职业规范。

任务一 列车运行的基本要求

【教学目标】

1. 能力目标
行车过程中,能严格按照规定限制速度运行。
2. 知识目标
掌握列车限制速度和列车运行中对机车乘务员的要求。
3. 素质目标
培养学生爱岗敬业、善于思考的能力。

【工作任务】

本次工作的主要任务是：通过本任务的学习，要求在行车过程中能严格按照规定限制速度运行，并掌握在列车运行中对机车乘务员的要求。

【相关配套知识】

为了能顺利完成列车运行中的各项作业，及时处理运行中发生的问题，确保列车安全、正点，列车在发往区间运行时应具备一定的条件。

一、行车指挥

（一）基本原则

行车工作必须坚持集中领导、统一指挥、逐级负责的原则。

（1）局与局由铁路总公司、局管内各区段由局一个调度区段内的本区段列车调度员统一指挥。

（2）车站由车站值班员，线路所由线路所值班员统一指挥。凡划分车场的车站，车场间接发列车进路互有关联的行车工作由指定的车站值班员统一指挥。

（3）列车由运转车长，单机由司机负责指挥。列车或单机在车站时，所有乘务人员应按车站值班员的指挥进行工作。

（4）在调度集中设备的区段内，有关行车工作由该区段列车调度员直接指挥，但转为车站控制时，由车站值班员指挥。

（二）调度指挥

1．对有关人员要求

列车调度员是本区段行车的组织者和指挥者，负责组织指挥本区段车、机、工、电、辆等部门有关行车人员，实现列车运行图、列车编组计划和运输方案规定的任务和要求，并及时、准确地处理临时发生的行车问题。

为了准确、协调一致地进行行车工作，保证行车安全，有关行车人员必须执行列车调度员命令，服从指挥并认真执行车机联控制度。

2．调度命令的发布

发布命令的要求：指挥列车运行的命令和口头指示只能由列车调度员发布。列车调度员在发布命令之前，应详细了解现场情况，并听取有关人员的意见。调度命令的内容要正确、及时、简明扼要。发布时，应先将调度命令登记在《调度命令登记簿》内，确认无误后，再向有关单位或人员发布。

二、列车乘务组

为了完成列车运行中的各项作业，及时处理运行中发生的各种情况，以及在有碍安全时采取临时措施，根据列车的任务、要求和运行条件，配备有直接为列车服务的人员组成列车乘务组。列车乘务组包括：机车乘务组、运转车长、车辆乘务人员及旅客乘务组。

（1）运转车长：负责指挥本列有关行车工作。现部分货物列车已取消了守车和运转车长。

（2）机车乘务组：负责操纵机车和在特殊情况下对列车的防护。

（3）车辆乘务人员：旅客列车和机械冷藏车组均应配有车辆乘务人员，负责该车辆的及时检修和故障处理；装载超限货物的车辆是否需派添乘人员应根据装运的命令办理。

（4）旅客乘务组：由列车长、列车广播员、列车员、行李员、乘警及餐车工作人员等组成，负责旅客的旅行安全、各项服务及行李包裹的作业等。

混合列车的编组内容各不相同，对其旅客乘务组的派出全路不作统一规定，由各铁路局根据具体情况确定。

三、列车运行时限制速度的规定

列车应按规定速度运行，不得超过规定的限制速度，以确保列车安全、正点。

列车运行限制速度规定见表 5-1。

表 5-1 列车运行限制速度

项　目	速　度（km/h）
四显示自动闭塞区段通过显示绿黄色灯光的信号机	在前方第三架信号机前能停车的速度
通过显示黄色灯光的信号机及位于定位的预告信号机	在次一架信号机前能停车的速度
通过显示一个黄色闪光灯光和一个黄色灯光的信号机	该信号机防护进路上道岔侧向的允许通过速度
通过减速地点标	标明速度，未标明时为 25
推进	30
退行	15
接入站内尽头线，自进入该线起	30

下列构造的单开道岔，侧向通过最高速度的规定见表 5-2。

表 5-2 道岔侧向限制速度

普通尖轨	辙叉号数				
	9	12	18	30	
速度（km/h）	30	45	80	客 140	货 90

四、列车运行中对司机的要求

在列车运行中，司机应正确驾驶机车，严格按信号行车，这是确保列车安全正点运行的

重要条件。司机应做到以下几点:

(1)列车在出发前将有关数据输入监控装置;并按规定对列车制动机进行机能试验。在制动保压(最大有效减压量)状态下,列车制动主管的压力 1 min 内漏泄不得超过 20 kPa,确认列尾装置作用良好。

装备机车综合无线通信设备的机车,开车前司机要选定机车综合无线通信设备通信模式和运行线路。在 GSM-R 区段运行时,机车综合无线通信设备、GSM-R 手持终端按规定注册列车车次,并确认正确。

(2)遵守列车运行图规定的运行时刻和各项容许及限制速度,严禁超速行车。认真执行"彻底瞭望,确认信号,高声呼唤,手比眼看"的呼唤应答制度。严格按信号显示要求行车,确保列车安全正点。若遇信号显示不明、不正确、灯光熄灭、辨认困难或危及行车和人身安全的情况时,应及时减速或停车,严禁臆测行车。若是快速旅客列车发生意外,当不危及本列车安全时,可不停车继续运行,同时用列车无线调度通信设备报告就近车站处理。

(3)机车信号、列车无线调度通信设备、列车运行监控记录装置或自动停车装置必须全程运转,严禁"关机"。运行中若遇列尾装置、机车信号、列车运行监控记录装置或自动停车装置发生故障时,司机应使用列车无线调度通信设备通知车站和列车调度员,并根据实际情况掌握列车运行速度;当遇列车无线调度通信设备发生故障时,列车应在前方站停车报告。

(4)起动稳,加速快,精心操纵,停车准确,按规定鸣笛,防止列车冲动和断钩。

(5)随时检查机车总风缸、制动主管的压力,以保证列车制动力。电力机车应注意各种仪表的显示及接触网状态。

(6)在区间内列车停车进行防护、分部运行、装卸作业或使用紧急制动阀停车后再开车时,司机必须检查、试验列车制动主管的贯通状态,确认列车完整,具备开车条件后,方可起动列车。有运转车长值乘的列车,须按运转车长的发车信号起动列车。

(7)单机、自轮运转特种设备在自动闭塞区间紧急制动停车或被迫停在调谐区内时,司机须立即通知后续列车司机,向两端站车站值班员(列车调度员)报告停车位置(具备移动条件时司机须先将机车移动不少于 15 m),并在轨道电路调谐区外使用短路铜线短接轨道电路。

(8)等会列车时,不准关闭空气压缩机,并将机车头灯灯光减弱或熄灭。为防止货物列车溜走,当列车在站停车不进行作业时,司机必须使机车保持制动状态(铁路局指定的凉闸站除外)。

(9)司机必须负责货运票据的交接与保管。

(10)将列车运行中发生的问题及使用紧急制动阀的情况及时报告列车调度员。

任务二　列车在区间被迫停车的处理与防护

【教学目标】

1. 能力目标

行车过程中,遇列车在区间被迫停车,会按规定正确处理与防护。

2. 知识目标

掌握列车在区间被迫停车的处理与防护。

3. 素质目标

培养学生爱岗敬业、善于思考的能力。

【工作任务】

本次工作的主要任务是：通过本任务的学习，要求在行车过程中，遇列车在区间被迫停车时，会按规定正确处理与防护。

【相关配套知识】

列车在区间除有计划的（乘降、装卸、施工、救援）停车外，由于事故或行车设备故障等原因造成列车在区间的停车，称为列车在区间被迫停车。当列车在区间被迫停车后，不仅造成该线行车中断，还可能造成追踪列车的追尾、列车脱轨、颠覆或货物脱落，而且在双线区段还可能妨碍邻线行车。因此，在区间被迫停车的情况下，要求司机（或运转车长）应充分利用列车无线电话与有关部门密切联系、迅速通知、及时防护、尽快处理，使线路及时复原开通。

一、列车在区间被迫停车时的处理

（1）列车在区间被迫停车不能继续运行时，司机应立即使用列车无线调度通信设备通知两端站（列车调度员）及车辆乘务员（随车机械师），报告停车原因和停车位置，根据需要迅速请求救援。需要防护时，列车前方由司机负责，列车后方由车辆乘务员（随车机械师）负责，无车辆乘务员（随车机械师）时由列车乘务员负责。配备列车防护报警装置的列车应首先使用列车防护报警装置进行防护。单班单司机值乘的列车防护作业办法由铁路局规定。

（2）若遇自动制动机故障时，司机应通知车辆乘务员立即组织列车乘务人员拧紧不少于表 5-3 所规定的手制动机数，以保证就地制动。

计算手制动机轴数时，列车所停地段的实际坡度在表 5-3 中所列的数字之间时，应取大于实际坡度的数字。

表 5-3 列车就地制动所需手制动机数量

A	0	1	2	3	4	5	6	7	8	9	10	12	14	16	18	20
S	1.2	1.2	1.2	1.2	1.2	1.2	1.2	1.5	1.8	2.1	2.4	3.0	3.6	4.2	4.8	5.4

注：（1）A：坡度千分数；S：每百吨列车重量（机车及煤水车除外）所需手制动机轴数；
（2）超过 20‰ 的坡度，每百吨列车重量所需手制动机轴数由铁路局规定。

（3）车站值班员接到司机的通知后，应立即使用列车无线调度通信设备转告区间内有关列车，要求采取紧急措施，同时将区间内列车运行情况通知司机，在停车原因消除前不得再放行追踪、续行列车。

（4）司机根据被迫停车列车的具体情况，有运转车长值乘的列车，根据运转车长的指示，迅速请求救援。已请求救援的列车，即使能恢复运行也不得再行移动，以防止与救援列车发生冲突，并按规定对列车进行防护。

（5）当列车在区间被迫停车后，须及时观察，确认是否会妨碍邻线，只要有这种可能性均须按规定进行处理：当认为有妨碍邻线的可能时，须采取的果断措施为：司机、旅客列车运转车长须分别在停留列车首尾附近的邻线上点燃火炬；若为自动闭塞区段，应分别短路邻线来车方向的轨道电路，同时司机用列车无线调度通信设备通知邻线上运行的列车和两端车站，以便及时采取措施。

在上述作业完成后，司机（运转车长）应亲自或指派人员立即沿靠邻线一侧向后（向前）对列车进行检查，若确认已妨碍邻线，应立即派人按规定对邻线进行防护；若发现已有列车开来，应急速鸣示紧急停车信号。

二、列车在区间被迫停车的防护

为确保列车在区间内被迫停车后本线及邻线上列车的安全，防止追踪运行列车追尾及开来救援的列车与停留列车发生冲突，除按规定进行充分联系、处理外，还必须按规定进行防护。

当列车在区间被迫停车需防护时，列车前方由司机负责，列车后方由运转车长负责，无运转车长时仍由司机负责。允许机车乘务组及运转车长指派其他铁路职工进行防护，但须交给防护用具，说明防护方法，防护未结束或无人接替前，防护人员不得擅离防护岗位。

使用响墩对列车进行防护的办法：

（1）已请求救援的列车，从救援列车开来方向（方向不明时，从停留列车前后两个方向）距停留列车不少于300 m处（见图 5-1）放置响墩进行防护。因列车调度员已在调度命令中指明了被迫停车列车的位置，救援列车司机可以提前减速，能在 300 m 的距离内停车。

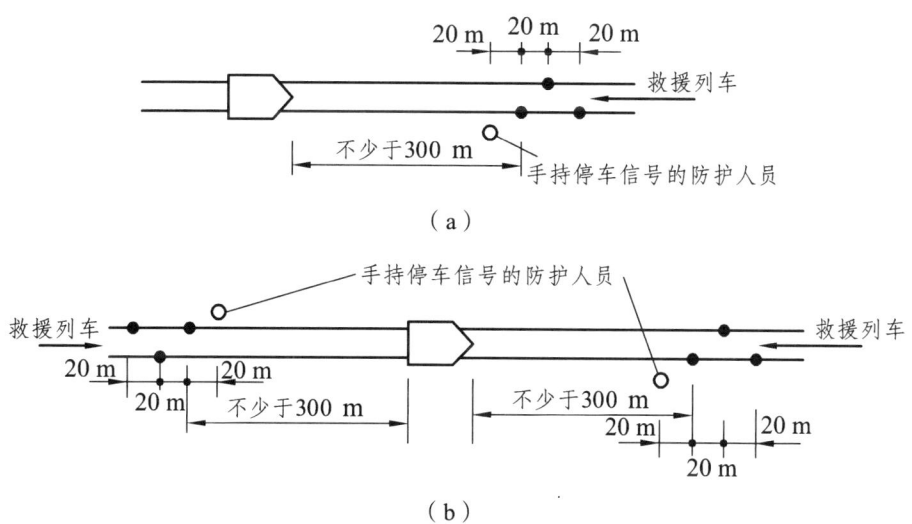

图 5-1 已请求救援列车的防护

（2）当电话中断后发出的列车（持有红色许可证通知书之一的列车除外），应于停车后立即从列车后方距离不少于 800 m 处放置响墩进行防护。因电话中断后，从停留车后方开来的追踪列车对停车没有准备，所以防护距离不得少于列车的制动距离，如图 5-2 所示。

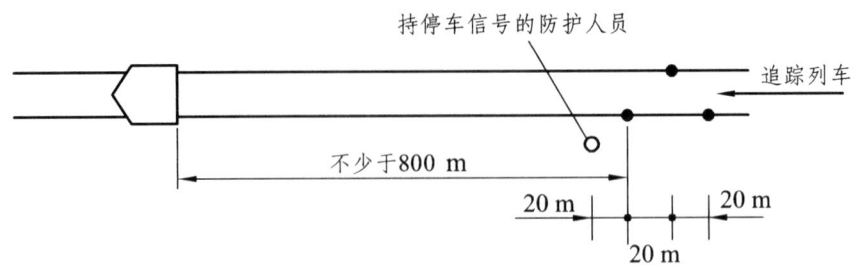

图 5-2　有追踪列车运行的防护

（3）当有妨碍邻线行车的地点时，若不知邻线来车方向，须从该地点的两方不少于 800 m 处放置响墩进行防护（见图 5-3）。若已确定邻线来车方向，则仅对来车方向进行防护，如图 5-4 所示。考虑邻线可能反方向行车，当被迫停车列车妨碍邻线时，若未确认来车方向，应从两端进行防护。由于邻线运行的列车没有停车准备，故放置响墩距离应不小于制动距离。

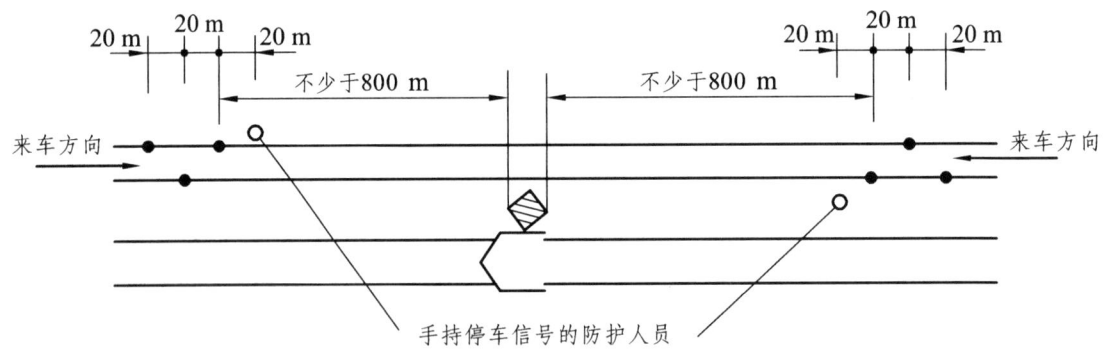

图 5-3　妨碍邻线行车地点两方向的防护

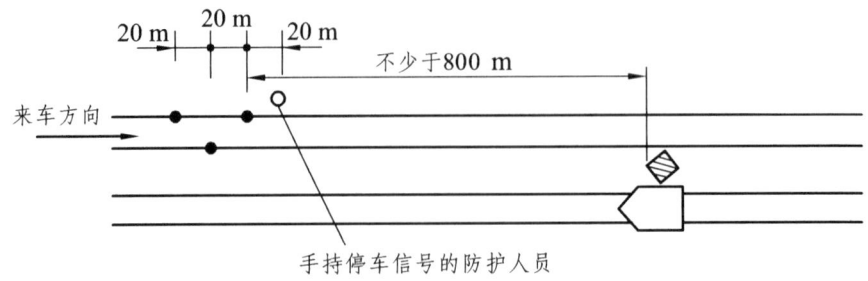

图 5-4　妨碍邻线来车方向的防护

（4）列车分部运行，机车进入区间挂取遗留车辆时，应从车列前方距离不少于 300 m 处防护，如图 5-5 所示。

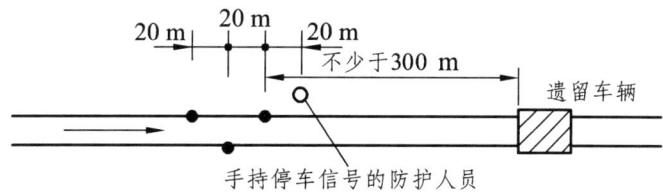

图 5-5　分部运行时机车挂取遗留车辆的防护

（5）为了防止防护人员在撤除响墩后走向本列车的途中，后续列车盲目闯入防护地段与停留车发生冲突，防护人员设置的响墩在停车原因消除后可不撤除。

任务三　列车的分部运行与退行

【教学目标】

1. 能力目标

行车过程中，遇到特殊情况需要分部运行与退行时，会按规定进行处理。

2. 知识目标

掌握列车的分部运行与退行。

3. 素质目标

培养学生爱岗敬业、善于思考的能力。

【工作任务】

本次工作的主要任务是：通过本任务的学习，要求在行车过程中遇列车分部运行与退行时，会按规定正确处理。

【相关配套知识】

一、列车的分部运行

列车由于超重、断钩、制动主管破裂以及车辆脱轨颠覆等原因被迫停车后，司机将部分车辆遗留原地，而将列车的前部车辆牵引运行至前方车站的行车处理办法称为列车分部运行。它是列车在区间被迫停车后最常用的一种方法。

（一）禁止列车分部运行的情况

（1）采取措施后可以整列运行的。
（2）对遗留车辆未采取防护、防溜措施的。
（3）遗留车辆无人看守的。

当内燃和电力机车牵引货物列车时，机车乘务组仅两人，由于无运转车长，列车在区间运行时按规定须两人确认信号，若列车分部运行将出现无人看守遗留车辆而构成极大安全隐患。所以，无运转车长值乘的列车，原则上不采用分部运行的方法。

（4）司机与车站值班员及列车调度员均联系不上时；

（5）遗留车辆停留在超过6‰坡度的线路上时。

在以上的5种情况下，只要有一条不满足要求，均应禁止分部运行。但在不得已的情况下，如危及列车、乘务员的安全时，列车也必须分部运行。

（二）列车分部运行的具体办法

（1）司机应使用列车无线调度通信设备向前方站和列车调度员报告。

（2）切实做好遗留车辆的防溜和防护工作。这是防止事故扩大，保证遗留车辆及追踪列车运行安全的关键性环节。车辆溜逸事故对行车安全危害极大，造成影响、损失巨大。为了防止遗留车辆溜逸，应做到能连挂的连挂在一起、不能连挂的分组分别拧紧两端车辆的手制动机，并以铁鞋（止轮器、防溜枕木等）牢靠固定。

（3）司机在记明遗留车辆的辆数和停留位置后，方可牵引前部车辆按信号机的显示向前方站运行。在半自动闭塞区间，司机必须向车站值班员报告列车为分部运行等情况后，方可进站。否则即便进站信号机显示进行信号，也必须在进站信号机外停车，待将情况通知车站值班员后才可进站。

（4）前部列车进站后，车站值班员应立即将情况通知列车调度员，并由列车调度员发布调度命令封锁区间，并派出救援列车或指派本务机返回区间，挂取遗留车辆拉回车站，确认区间空闲后，方可开通区间。

二、列车的退行

列车在区间由于坡停、遇线路故障及自然灾害阻断等原因无法向前继续运行，而须倒退至后方车站的行车方法称为列车退行。

（一）禁止列车退行的情况

（1）按自动闭塞法运行时，不得退行。这样可防止退行列车与追踪列车发生冲突。但列车调度员或后方站车站值班员已确认退行区间内无列车，并准许退行的除外。

（2）电话中断后发出的列车，不得退行。防止与间隔一定时间发出的追踪列车发生冲突。但持有《技规》附件三通知书之一的列车除外。

（3）在降雾、暴风雨雪及其他不良条件（如高山、深堑）下难以辨认信号时，盲目退行会危及行车安全，故不准退行。

（4）无运转车长值乘的列车。已指派胜任人员并携带列车无线调度通信设备、简易紧急制动阀时除外。

（5）挂有后部补机的列车。

除上述情况外是否能退行由铁路局规定。另外，持有因区间内施工不能退行调度命令的列车不准退行。

（二）列车退行的具体办法

除上述禁止列车退行的情况外，如列车在区间遇坡停、线路故障、自然灾害等情况必须退行时，应按以下办法执行：

（1）运转车长或指派人员听到司机鸣示两长声或无线电话通知退行后，应站在列车尾部注视运行前方，当发现有危及行车或人身安全的情况时，应立即使用紧急制动阀（或简易紧急制动阀）或列车无线调度通信设备通知司机停车。

（2）列车退行的速度不得超过 15 km/h，确保在遇意外情况时能及时停车。

（3）未得到后方站（线路所）车站值班员或列车调度员的准许时，退行列车不得越过后方车站（线路所）最外方预告标或预告信号机（双线区间为邻线的预告标或特设的预告标），停车后向车站值班员报告。这样主要是防止退行列车与跟踪出站调车的机车车辆发生冲突。

（4）车站值班员接到列车退行报告后，立即报告列车调度员并根据车站线路占用情况，开放进站信号机或按引导接车办法，将列车接入站内。

任务四 救援列车与路用列车的开行

【教学目标】

1. 能力目标

会正确开行救援列车与路用列车。

2. 知识目标

掌握开行救援列车与路用列车的规定。

3. 素质目标

培养学生爱岗敬业、善于思考的能力。

【工作任务】

本次工作的主要任务是：通过本任务的学习，要求学生会正确开行救援列车与路用列车，并掌握相关的规定。

【相关配套知识】

一、救援列车

当站内或区间发生列车冲突、脱轨、颠覆及发生自然灾害危及行车安全，而需尽快排除障碍、开通区间，恢复正常行车时，专为事故救援、抢修、抢救而开往事故现场的列车称为救援列车。如开往事故现场的单机、动车、重型轨道车及事故救援的列车均统称为救援列车。事故救援列车一般由起重吊车、修理车、工具车、宿营车及工程材料、发电车等组成，配备有一定数量的救援人员。救援列车不受列车等级的限制，应优先办理。根据铁路总公司的要求，在重点地区机务段设置的救援列车，在接到命令后需 30 min 内出动。

（一）救援列车的请求与派遣

1．救援请求

救援列车的开行首先需要运转车长、司机或工务、电务部门人员根据事故的具体情况，向车站值班员或列车调度员提出救援请求，若是车站值班员接到救援请求，须立即报告列车调度员。

2．救援派遣

当列车调度员接到救援请求的报告后，立即向事故区间的两端车站发出调度命令封锁区间，并根据具体情况派出救援列车。当列车调度电话不通时，则由接到救援请求的车站值班员根据救援请求办理。

（二）救援列车的开行

（1）救援列车运行在非封锁区间时，与其他列车一样，仍按该区间的行车闭塞法运行，行车凭证为该行车闭塞法的正常行车凭证。

（2）救援列车进入事故封锁区间时，不办理行车闭塞手续，不开放出站信号机，以列车调度员的调度命令作为进入封锁区间的许可。以调度命令作为进入封锁区间的许可，一方面可区别于正常行车，另一方面可引起救援列车司机的注意，必须按调度命令的要求运行。调度命令的内容应包括：往返车次、运行速度、事故地点、工作任务及要求等。

（3）当列车调度电话不通时，救援列车以接到救援请求的车站值班员的命令作为进入封锁区间的许可。

（三）对开行救援列车乘务员的要求

（1）司机接到救援的调度命令后，机车乘务人员必须对命令各项认真确认，凡调度命令不清、停车位置不明确时，不准动车。

（2）当救援列车进入事故封锁区间后，在接近被救援列车或车列 2 km 时，必须严格控制速度。

（3）在接近被救援列车或车列 2 km 时，使用列车无线调度通信设备与请求救援的司机（或请求救援的运转车长、工务、电务等人员）进行联系，或以在制动距离内能随时停车的速度（最高不超过 20 km/h）运行至防护人员处或压上响墩后停车，再联系确认，然后按要求进行作业。

（四）救援列车进出封锁区间的联系

凡救援列车进出封锁区间、到发时刻、由区间拉回的车数及现场救援进度等情况均应通知列车调度员及对方站，以便列车调度员能及时掌握救援进度，合理安排人力、材料。

当救援工作复杂时，可在事故的现场设置临时线路所，以及时了解和指挥现场的救援工作。在车站值班员发车前，应征得临时线路所值班员的同意，以便临时线路所做好接车前的准备及防护工作。临时线路所向区间两端车站发车时，也必须取得列车调度员的命令及接车站的同意。而当救援列车向临时线路所运行时，须在防护地点外停车，待引导人员将事故地点的情况告知司机及有关人员，撤除防护后，列车按调车办理进入指定地点；发车时，先撤除防护后发车。

1．现场指挥

在事故调查处理委员会到达前，为加强事故现场救援工作的指挥，发出第一列救援列车，由车站的站长或车站值班员携带行车紧急备品随乘第一列救援列车（分部运行时挂取遗留车辆的机车除外）到事故现场，负责指挥救援列车的有关工作，成立临时线路所并担任临时线路所车站值班员的工作。而列车分部运行，机车开往事故区间挂取遗留车辆时，由于处理比较简单，车站站长或车站值班员不必前往，而由运转车长或司机处理。

2．区间的开通

当列车调度员接到事故现场负责人关于列车可以安全通过的事故现场报告后，查明区间已无救援列车、机车、车辆等，确已空闲后，方可向两端车站发布开通区间的命令。若列车尚需限速运行，调度员还必须发布限速运行的调度命令。假如调度电话不通，由接到通知的车站值班员在确认区间空闲后，通知邻站办理区间的开通。

二、路用列车

不以营业为目的而专为运输铁路内部自用物资（如枕木、道砟等）所开行的列车称为路用列车。

（一）行车凭证

路用列车运行在非封锁区间时，仍按该区间的基本行车闭塞法或电话闭塞法办理的行车凭证进入区间运行。向施工封锁区间运行时，路用列车与救援列车一样，行车凭证为调度命令。在调度命令中，应指明列车车次、运行速度、停车地点、到达车站的时刻等注意事项。司机和施工负责人应严格执行调度命令，并按规定的时间到达车站。当调度电话中断而又急需紧迫施工送料时，路用列车进入封锁区间的行车凭证为发车站车站值班员的命令。

（二）注意事项

（1）向施工封锁区间开行路用列车，原则上每端只准进入一列。如因作业需要超过一列时，同向列车的间隔、前后列车的运行速度等运行办法和安全措施由铁路局规定。

（2）路用列车应由施工单位指派胜任人员携带列车无线调度通信设备值乘于列车尾部，并在区间协助司机作业。

（3）路用列车或线路施工机械进入施工地段时，应在施工防护人员显示的停车手信号前停车；然后，根据施工领导人的要求，按调车办法进入指定地点。

（三）路用列车在区间卸车的要求

由于施工或其他需要，列车可能在区间内进行卸车作业。在封锁区间卸车时应凭调度命令进入区间；在办理闭塞进入区间卸车继续运行到前方站时，仅限于非自动闭塞法，自动闭塞区间应改为电话闭塞。列车进入区间后，卸车负责人根据现场卸料与用料实际情况变更卸车地点时，卸车负责人可以指挥列车移动位置，但不得延长卸车时间。卸车完毕后，卸车负责人应检查卸货距离，清理道眼，关好车门。确认无碍行车安全后，才可通知司机开车。

任务五　列车发生火灾、爆炸及汛期暴雨行车应急处理

【教学目标】

1. 能力目标

遇列车发生火灾、爆炸及汛期暴雨时，会按相应的规定进行处理。

2. 知识目标

掌握列车发生火灾、爆炸及汛期暴雨行车时的规定。

3. 素质目标

培养学生爱岗敬业、善于思考的能力。

【工作任务】

本次工作的主要任务是：通过本任务的学习，要求学生遇列车发生火灾、爆炸及汛期暴雨时，会按相应的规定进行处理。

【相关配套知识】

一、列车发生火灾、爆炸应急处理

（1）列车发生火灾或爆炸时，须立即停车（停车地点应尽量避开特大桥梁、长大隧道等，

选择便于旅客疏散的地点），车站不再向区间放行列车，并通知邻线及后续相关列车停车。在电气化区段，现场需停电时，应立即通知供电部门停电。

（2）列车需要分隔甩车时，应根据风向及货物性质等情况而定。一般为先甩下列车后部的未着火车辆，再甩下着火车辆，然后将未着火车辆拉至安全地段。

对甩下的车辆，由车站值班员（在区间由司机、运转车长、车辆乘务员）负责采取防溜措施。

二、汛期暴风雨行车应急情况处理

（1）列车通过防洪危险地段时，司机、运转车长要加强瞭望，并随时采取必要的安全措施。"防洪危险处所"年度查定公布的同时，所属铁路局须抄送跨局列车运行相关铁路局。

（2）当洪水漫到路肩时，列车应按有关规定限速运行；遇有落石、倒树等障碍物危及行车安全时，司机应立即停车，排除障碍并确认安全无误后，继续运行。

（3）列车遇到线路塌方、道床冲空等危及行车安全的突发情况时，司机、运转车长应立即采取应急性安全措施，并立刻通知追踪列车、邻线列车及邻近车站。

任务六　列车在区间发生伤亡事故的处理

【教学目标】

1. 能力目标

遇列车在区间发生伤亡事故时，会按相应的规定进行处理；能按规定防止路外伤亡事故的措施来行车。

2. 知识目标

掌握防止路外伤亡事故的措施及发生路外伤亡事故的处理办法。

3. 素质目标

培养学生爱岗敬业、善于思考的能力。

【工作任务】

本次工作的主要任务是：通过本任务的学习，要求学生掌握防止路外伤亡事故的措施及发生路外伤亡事故的处理办法，以及遇列车在区间发生伤亡事故时，会按相应的规定进行处理；能按规定行车，防止路外伤亡事故的措施来行车。

【相关配套知识】

一、防止路外伤亡事故的措施

（1）运行中按规定地点鸣示一长声注意信号。加强瞭望、多鸣笛、鸣长笛，防止伤亡事故。

（2）运行中认真执行不间断瞭望和呼唤应答制度，机车乘务人员不同时点烟、喝水等，摸清行人多的区间及道口，注意行人车辆动态，发现线路有行人及危及安全时，应果断采取减速或停车措施。

（3）在减速或停车过程中，副司机要继续鸣笛，注视速度、使闸地点、行人去向。认真执行先鸣笛后动车，严禁先动车后鸣笛或边鸣笛边动车。

二、发生路外伤亡事故的处理

（1）在铁路区间，凡因机车、车辆碰、轧行人或车辆上旅客坠下造成伤亡时，司机或运转车长发现后均必须停车。

（2）因伤亡事故停车后，应把行人住址、性别、年龄、姓名问清后记录在手账上，再按规定开车。返段后填写事故报告。

（3）发生路外伤亡时，须对其人进行检查。若已死亡，由司机和运转车长共同负责，把死者移出线路外，检查衣袋内有何可证明其身份的证件，若有需要记下住址、姓名，并对现场做好标记和事故简要记录，找好看守人。而对伤者，应送交有医疗条件的就近车站，进行积极抢救。

（4）当伤亡事故发生在站内或段管线内时，司机应报告值班员共同处理。

（5）发生伤亡事故后，应简要记录：列车车次、区间公里、吨数、辆数、计长、发生时间、当时速度、发现行人情况、鸣笛情况有无证明人，采取的措施及发生地点、停车地点、越过距离等情况。

（6）清理现场：找出听见鸣笛的证人、住址、姓名记入手账。在前方车站停车，把简要情况向列车调度员报告。

【项目小结】

本项目具体就列车运行的基本要求；列车在区间被迫停车；列车分部运行及退行；救援列车与路用列车的开行及列车在区间发生伤亡事故等的处理、有关规定及要求做了阐述。而且对行车有关人员，机车乘务员的分工做了说明，希望大家通过理解、记忆，熟练掌握：

（1）了解列车运行的基本要求，重点掌握列车运行中对司机的要求及列车运行的限制速度。

（2）重点掌握列车在区间被迫停车后对司机的要求、防护及防溜的有关规定。

（3）重点掌握列车分部运行及退行的禁止与允许规定、办法。

（4）重点掌握救援列车、路用列车的行车凭证、开行办法及对司机的要求。

（5）掌握防止伤亡事故的措施及处理方法。

【复习思考题】

1. 列车运行时对司机有何具体要求？
2. 列车在区间被迫停车时，对司机有何要求？
3. 何为被迫停车？被迫停车后应如何防护与防溜？
4. 当被迫停车后，对邻线应作何处理？

5. 列车在区间被迫停车后，若需分部运行时，司机应如何处理？
6. 何为分部运行？哪些情况下禁止分部运行？
7. 何为退行？允许退行的条件及办法是什么？哪些情况下应禁止退行？
8. 救援列车应如何请求和派遣？其占用区间的凭证是什么？
9. 何为救援列车？开行救援列车对机车乘务员有何要求？
10. 路用列车占用区间的凭证是什么？开行路用列车有哪些注意事项？
11. 发生路外伤亡事故应如何处理？怎样防止？

项目六　机车运用指标

【项目描述】

机车作为铁路运输的牵引动力，其管理运用水平好坏、运用效率高低对降低铁路运营成本、完成铁路运输任务起着重要的作用。而直接反映铁路运输任务完成情况、机车运用效率高低的因素是机车运用指标。

机车运用指标是考核机车运用组织工作的尺度。通过对机车运用指标的统计和分析，可以准确、及时地获得机车运用情况，发现运用组织工作中的问题，不断提出改进措施，提高机车运用管理水平。

机车运用指标是机务段计划和具体任务的表达形式。一个完整的指标由指标名称、计算单位和指标数值三部分组成，每一项指标都从一个方面反映着安全运输、生产技术和经济活动的状况。

机车运用指标根据其性质和作用的不同可分为数量指标、质量指标两大类。数量指标表示计划指标在规定时间内（如日、旬、月、季等）机车运用的经济活动在效率上应达到的目标，反映总的机车运用工作量，常用绝对数表示，如机车走行公里等。而质量指标则表示机车在运用计划内，在机车运用质量上应达到的目标，是两个有联系的效率指标的对比，常用平均值表示，如机车日车公里、机车日产量指标等。

【教学目标】

1. 能力目标

（1）会进行机车运用数量指标的计算和分析。

（2）会进行机车运用质量指标的计算和分析。

2. 知识目标

（1）掌握机车运用数量指标的定义及计算。

（2）掌握机车运用质量指标的定义及计算。

3. 素质目标

（1）培养爱岗敬业、遵章守纪、乐于奉献的职业精神。

（2）养成安全第一、以质量促安全的职业规范。

任务一　机车运用数量指标

【教学目标】

1. 能力目标

要求学生能分别进行机车走行公里和机车牵引总重吨公里的计算。

2. 知识目标

掌握机车走行公里和机车牵引总重吨公里的定义与计算方法。

3. 素质目标

培养学生爱岗敬业、善于思考的能力。

【工作任务】

本次工作的主要任务是：通过本任务的学习，使学生能掌握机车运用数量指标的定义，并能进行简单的计算和分析。

【相关配套知识】

机车运用数量指标表示计划指标在规定时间内（如日、旬、月、季、年）机车运用的经济活动在效率上应达到的目标，反映总的机车运用工作量，包括各种机车的走行工作量、工作时间及其完成的各种总重吨公里。

一、机车走行公里

机车走行公里为运用机车实际走行或换算走行的公里。

1．本务机走行公里

本务机车为牵引列车担任本务作业的机车。本务机走行公里为牵引列车的本务机车走行的公里。

两台机车牵引列车（包括规定的双机牵引区段）及组合列车，第一台主导机车为本务机车，第二台为重联机车。但两个列车临时合并运营时，两台机车分别按本务机车统计走行公里。

2．沿线走行公里

沿线走行公里为本务机、单机、重联和补机走行公里之和，或者说是指机车在区段内或区间内与牵引或推送列车直接有关的机车走行公里之和。

3．辅助走行公里

辅助走行公里是指本务机走行公里以外的单机、重联、补机及各种换算走行公里之和。

4．换算走行公里

换算走行公里为按机车台小时换算的走行公里，或者说在区段或区间内与牵引、推送列车无关的运用机车换算走行公里之和。

调车工作每小时作业时间换算 20 km，其他工作每小时换算 5 km，有动力停留每小时换算 4 km（内燃、电力运用机车的段内停留均按有动力停留统计）。

5．机车总走行公里

机车总走行公里为沿线走行公里及换算走行公里之和，或者说为担当各种工作的运用机车的总走行公里之和。

机车总走行公里 = 沿线走行公里 + 换算走行公里 = 本务机走行公里 + 辅助走行公里

机车走行公里是机务段运用工作的一项重要指标，它表示机务段的工作量，因此是机务段配属机车台数的依据。同时，铁路工作为了完成一定的运输任务，机车必须完成一定的走行公里。所以在完成一定运量的前提下，努力压缩机车全部走行公里数是降低运输成本的一个重要因素。

为了压缩全部运行机车的总走行公里，就必须压缩它所包含的各项走行公里和换算走行公里。

本务机走行公里的多少，主要由运量大小和列车牵引定数决定，一般可视为客观因素。但是，在运输组织工作中尽量减少欠重列车、实现超重运输、组织单机挂车等，都可压缩本务机走行公里。同时，在条件允许时，努力提高列车牵引定数也是压缩本务机走行公里的一项措施。

除本务机车外，担任其他各项工作的机车，如补机、重联机车、单机、调车机车等的走行公里更应大力压缩。

二、机车牵引总重吨公里

机车牵引总重吨公里为机车牵引列车（包括单机牵引车辆）完成的工作量。
计算方法是：

$$机车牵引总重吨公里 = 机车牵引总重 \times 相应的机车实际走行公里$$

注：双机合并牵引及挂有补机、重联机车时，牵引总重吨公里的计算按《铁路机车统计规则》附件二"重联、补机机车牵引能力比例表"分劈。三台机车牵引列车时不考虑机型，其总重吨公里本务按 40%，其余两台各按 30% 分劈。

三、机车自重吨公里

机车自重吨公里是机车沿线走行所产生的自重吨公里。
计算方法是：

$$机车自重吨公里 = 机车重量 \times 沿线走行公里$$

四、通过总重吨公里

通过总重吨公里是指沿线上通过的总重吨公里数。
计算方法是：

$$通过总重吨公里 = 机车自重吨公里 + 机车牵引总重吨公里$$

通过总重吨公里是根据司机报单上所记载货物实际重量和走行距离为依据进行计算的。每天都应计算，用以考核、分析机车运用情况。同时，在其他指标不变的情况下，通过总重吨公里的大小还影响到车辆走行公里的大小，因而是影响铁路运输运营费用大小的重要因素。

任务二　机车运用质量指标

【教学目标】

1. 能力目标
要求学生能分别进行机车全周转时间、机车日车公里、技术速度和旅行速度的计算。
2. 知识目标
掌握机车全周转时间、机车日车公里、技术速度和旅行速度的定义与计算，并能进行对指标进行初步的分析。
3. 素质目标
培养学生爱岗敬业、善于思考的能力。

【工作任务】

本次工作的主要任务是：通过本任务的学习，使学生能掌握机车运用质量指标的定义，并能进行简单的计算和分析。

【相关配套知识】

机车运用质量指标主要从机车牵引能力的利用程度和机车在时间上的利用情况来反映机车的运用效率（即运用质量）。主要指标有：机车全周转时间，机车日车公里，列车平均牵引总重量，机车日产量，技术速度以及其他有关指标。

一、机车全周转时间

（一）机车全周转时间（$t_全$）

机车全周转时间为机车每周转一次所消耗的全部时间（非运用时间除外），或者说机车在担当牵引作业过程中，自离开机务段闸楼起，到完成一个交路的往返作业回段，下一次出段再经过闸楼时止,所用的全部时间称为机车全周转时间。包括:纯运转、中间站停留、本段和折返段停留、本段和折返段所在站停留时间,如图 6-1 所示。

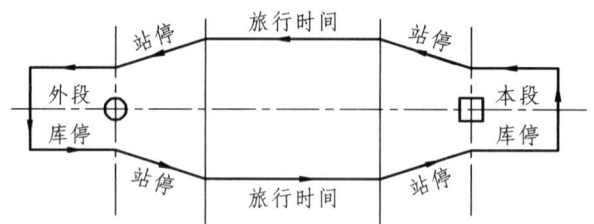

图 6-1　机车全周转示意图

回段机车为上次入段时起至本次入段时止;实行循环运转和轮乘制的机车为上次机车到达乘务员换班站时起至本次机车到达乘务员换班站时止;在站换班机车为接车时起至交车时止。

(1)纯运转时间——机车在区间内运行所占用闭塞的时间,包括区间内各种原因的停留时间(停车装卸除外)。

(2)中间站停留时间——机车在列车运行区段内中间站(线路所、信号所)的停留和调车时间。

(3)旅行时间——自始发站出发时起至终到站到达时止的全部时间。

(4)本段和折返段停留时间——机车入段时起至出段时止的时间(非运用时间除外)。

(5)本段和折返段所在站停留时间——机车自出段时起至本段、折返段所在站牵引列车出发时止,和牵引列车到达本段、折返段所在站时起至入段时止的全部时间,其中包括调车时间。

机车周转时间分为机车全周转时间和机车运用周转时间两种。

机车运用周转时间是指机车从出本段经过闸楼时起,担当一个交路的往返作业后,回到本段通过闸楼时止所用的时间。其计算方法为:

机车运用周转时间 = 机车全周转时间 − 本段停留时间

(二)全周转时间的计算

$t_全$ 的计算有两种方法,即时间相关法和机车相关法。

1. 时间相关法

以机车周转一次所需时间因素为依据来计算 $t_全$ 的方法。计算公式为:

$$t_全 = 一次周转的旅行时间(t_旅) + 本段及折返段库停时间(a) + 本段及折返段所在站停留时间(b) = t_旅 + a + b$$

2. 机车相关法

机车相关法是以机车使用台数和列车对数为依据计算 $t_全$ 的方法,计算公式为:

$$t_全 = 回段机车全周转时间的总和 \div 机车周转次数$$

式中　机车周转次数——机车回段台数或列车对数。

当有双机重联或多机牵引时，回段机车台数和周转次数大于列车对数。
此时，

机车周转次数＝回段机车台数＝列车对数+双机和多机牵引对数

如某机车出库仅牵引一次列车，而往程或回程担任其他工作时，则其所担当的列车为0.5对，机车周转次数和回库机车台数也按0.5次或0.5台计算。

回库机车全周转时间的总和＝担当牵引任务的机车台数×24

（三）缩短全周转时间的主要措施

机车全周转时间是考核机车运用效率的重要指标之一，它不仅反映机务部门工作质量的好坏，还反映铁路运输各部门如日常调度指挥、车站工作组织、线路施工等工作质量的好坏。因此，缩短机车全周转时间是各运输部门的共同责任。

缩短机车全周转时间主要措施有：

（1）加强车站作业和调度指挥，提高旅行速度，其中包括提高机车的技术速度和减少列车在中间站停车次数及停留时间。

（2）加强相邻区段相互间的紧密衔接，缩短机车在外段及所在站的停留时间。

（3）缩短本段及所在站的停留时间。

除此之外，还有许多措施直接或间接地也可以缩短机车全周转时间，如减少机破事故加强机车保养等。

二、机车需要系数

机车需要系数指在一个牵引区段上，每担当一对列车的牵引任务平均所需要的运用机车台数。因此机车需要系数又称机车周转系数，它是考核机务部门供应机车的标准。

机车需要系数实际上就是以"天"为单位的机车全周转时间。计算公式如下：

机车需要系数 K ＝机车全周转时间÷24

代入 $t_全$：

K ＝机车使用台数÷列车对数＝机车周转距离÷机车日车公里

机车需要系数是由列车运行图和机车周转图确定的，K 值越小，完成规定的牵引任务所需要的机车使用台数也就越少，铁路运营费用就可大大节省。由于列车运行图和机车周转图经铁路总公司批准，因而机车需要系数为法定标准。

三、机车日车公里

机车日车公里指在一定时期内全路、全铁路局、全机务段平均每台运用机车在一昼夜内走行的公里数，用 $S_日$ 表示，它是反映机车工时有效利用程度和列车速度这两个方面因素的重要指标。

机车日车公里分为客运机车日车公里、货运机车日车公里和支配机车日车公里。

（一）客运机车日车公里

客运机车日车公里一般在客车变动不大时仅在年或季分析，日常不分析。

（二）支配机车日车公里

支配机车日车公里为平均每台支配机车在一昼夜内走行的公里。计算公式如下：

$$支配机车日车公里 = 机车总走行公里 \div 支配机车台日$$

为了提高支配机车日车公里，应该提高运用机车日车公里，节约非运用机车台数，努力降低机车检修率，在保证完成运量的前提下，尽量将多余机车加入部备、封存，以压缩支配机车台数。

（三）货运机车日车公里

货运机车日车公里因货运工作量大、波动面大，客观因素影响多，潜力也很大，是分析研究提高机车运用效率的重要方面。

已知机车每次周转时间为 $t_全$，则机车在一昼夜内的周转次数为：$24/t_全$，而机车在一周转内走行距离为二倍的交路长度，故机车每昼夜走行的公里数为：

$$S_日 = 2L \times (24/t_全) \quad (km/台 \cdot d)$$

代入 $t_全 = 24K$ 得：

$$S_日 = 2L \div K \quad (km/台 \cdot d)$$

机务段所有机车的平均日车公里可用下式计算：

$$S_日 = \sum 2L \times n \div N_运$$

式中　$2L$——机车周转距离（km）；
　　　n——某一机车交路的列车对数；
　　　$N_运$——全段运用机车台数。

从上述计算日车公里的公式中可以看出：机车日车公里的高低和沿线走行公里、列车对数、周转距离成正比；和机车使用台数、全周转时间、机车需要系数成反比。因此，当周转距离延长，沿线走行公里增大和全周转时间缩短，使用台数减少时，日车公里就能提高。而周转距离和列车对数主要取决于客观因素，所以，压缩机车全周转时间也就是提高日车公里的主要措施。提高机车技术速度和旅行速度，减少中间站停留次数和停留时间，压缩本、外段停留时间，机车周转也就自然加快，从而达到提高日车公里的目的。

四、技术速度和旅行速度

技术速度（$v_技$）是不计入中间站停留时间的列车机车在区段内的平均速度，即列车机车在区间内平均每小时走行的公里。

计算公式为：

$$v_{技} = 本务机走行公里 \div 本务机纯运转时间 = L \div t_{运} \quad (km/h)$$

旅行速度（$v_{旅}$）是计入中间站停留时间的列车机车在区段内的平均运行速度，即列车机车在区段内平均每小时走行的公里。

计算公式：

$$v_{旅} = 本务机走行公里 \div 本务机旅行时间 = L \div (t_{运} + t_{停}) \quad (km/h)$$

式中　L——机车交路长度；

　　　$t_{停}$——区段内中间站总的停留时间。

旅行速度不仅考核机车牵引能力和操纵水平，而且能体现出中间站作业情况、列车组织、调度指挥水平等。

旅行速度和技术速度的比值称为速度系数。速度系数接近 1，则说明两个速度越接近，列车在中间站的停留时间越短，机车、车辆周转越快。

五、机车日产量

铁路运输工作的产品是"吨公里"。机车日产量指在一定时期内全路、一个铁路局或分局、一个机务段平均每台运用机车在一昼夜内所生产的总重吨公里。

机车日产量分为支配机车日产量和货运机车日产量。

（一）支配机车日产量

支配机车日产量指平均每台支配机车在一昼夜内生产的总重吨公里。

计算公式为：

$$支配机车日产量 = 各种运输总重吨公里 \div 支配机车台日$$

支配机车日产量主要考核运行机车的利用程度和完成任务的质量情况，在支配机车台数不变的情况下，机车利用率和总重吨公里越高，则支配机车日产量越高。

（二）货运机车日产量

货运机车日产量指平均每台货运机车在一昼夜内生产的总重吨公里。

评价机车运用效率从时间和牵引力的利用两个方面来进行。机车日车公里、机车全周转时间反映机车运用效率的时间方面；列车平均牵引总重反映机车牵引力的利用程度，能综合反映这两个方面的指标就是机车日产量，它是机车多拉快跑的主要标志。

机车周转的快慢和牵引力利用程度的高低，同时还表现在每台机车每日能完成的总重吨公里上。机车日产量指标既综合反映机车运用效率，也反映铁路整个运输的综合成绩，是铁路经济技术考核的主要指标之一。

为提高机车日产量，需要对机车日产量的有关因素进行分析。机车日产量的高低与日车公里、列车平均牵引总重成正比,与单机率、重联率、机车运行台数成反比。要提高机车日产量就必须大力提高列车平均牵引总重,加速机车周转,压缩机车使用台数,提高日车公里,减少单机走行率、重联率等。

六、列车平均总重

列车平均总重是从机车牵引力角度出发考核机车牵引力利用程度的一个重要指标。它指在一定时期内,全路、一个铁路局、一个机务段或一个区段按距离加权平均每一本务机车牵引的总重量,即每一列车的平均总重量。计算公式为:

$$列车平均总重 = 总重吨·公里(不分劈重联、补机) \div 本务机走行公里(吨)$$

由上式可知,它是一个机务段已经完成的各次货运列车(包括上、下行方向,但不包括小运转列车)重量的平均值。它的大小直接影响到区段列车次数的多少,从而影响到机车需要台数、机车和列车乘务组需要数及其他有关支出的多少,甚至影响到为增加线路通过能力所需的投资。对照列车平均牵引总重与牵引重量标准,即可发现运输组织工作中的薄弱环节和机车牵引力的利用程度。

一个区段或一条线路按方向确定的列车重量标准,是按各区段配属的机车类型(主要机车功率的大小)、线路纵断面情况,并考虑各区段牵引定数统一,由牵引计算方法求得,经牵引试验确定的。它是货运列车编组的主要依据,也是本务机车牵引列车重量的一个定额指标。

提高列车平均牵引总重是提高机车日产量的主要环节。因此,要坚持满重,减少欠重,组织超重,特别要抓好运输方案,合理开行零担摘挂列车,提高小运转列车的牵引重量。

七、机车辅助走行率

各种机车辅助走行率计算方法如下:

(一)机车辅助走行率

机车辅助走行率指机车的辅助走行公里与机车沿线走行公里的比值,这个指标可反映出机车的走行效率。

计算公式为:

$$机车辅助走行率 = (辅助走行公里 \div 沿线走行公里) \times 100\%$$

该比值越大,说明机车的无用走行公里越多,浪费也大,所以希望该比值越小越好。

(二)单机率

单机走行公里占机车各种走行公里的百分比称为单机率。
计算公式为:

$$占机车沿线走行公里的单机率 = (单机走行公里 \div 机车沿线走行公里) \times 100\%$$

占本务机车走行公里的单机率＝(单机走行公里÷本务机车走行公里)×100%

同样，单机率越小越好，为了减少该值，就应该周密地组织机车周转，压缩单机开行次数或附挂回送，严禁对开单机，减少重联等。

机车工作量和机车运用指标的相互关系如图 6-2 和图 6-3 所示。

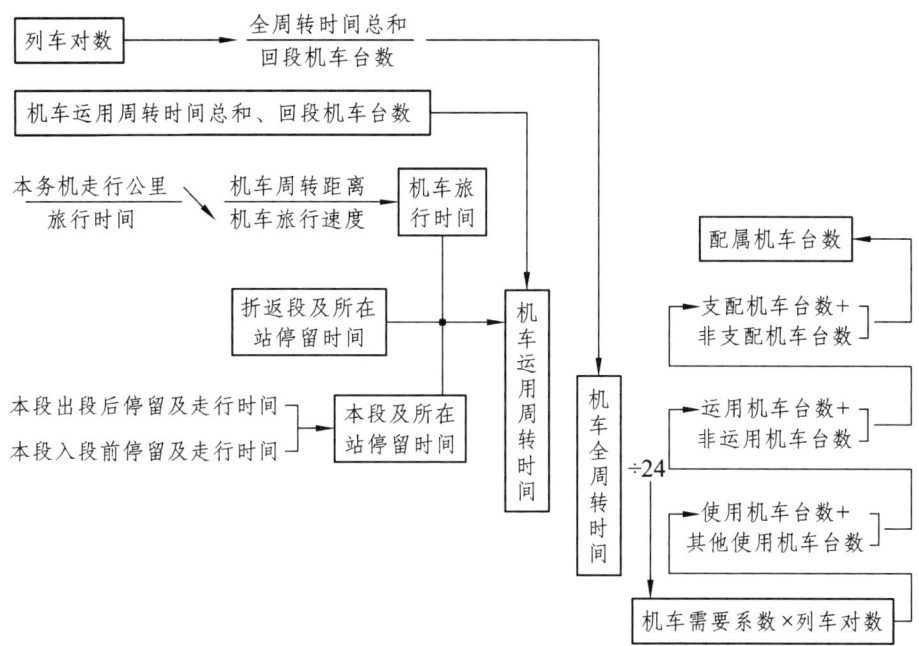

图 6-2　机车工作量和机车运用指标的相互关系之一

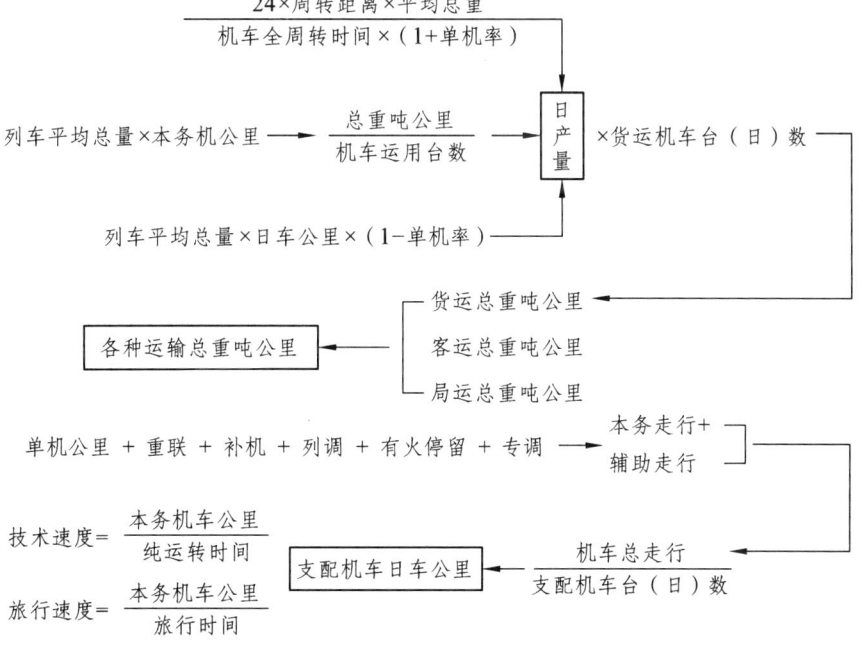

图 6-3　机车工作量和机车运用指标的相互关系之二

任务三　机车运用分析

【教学目标】

1. 能力目标

要求学生会运用合理和科学的方法对机车运用指标进行分析，以提高机车运用效率。

2. 知识目标

掌握机车运用指标分析的方法和提高措施，主要是机车全周转时间、机车日产量、机车日车公里和机车平均牵引总重。

3. 素质目标

培养学生爱岗敬业、善于思考的能力。

【工作任务】

本次工作的主要任务是：通过本任务的学习，使学生会运用合理和科学的方法对机车运用指标进行分析，以提高机车运用效率。

【相关配套知识】

机车运用分析，就是通过对各项机车运用指标实际完成情况的分析，研究现有机车运用效率，肯定成绩，揭露问题，制定措施，进一步改善机车运用状况。机车运用分析是加强铁路运输管理、不断改进提高工作水平的重要方法，是不断改进机车运用管理，经济合理地运用机车，提高机车运用效率，质量良好地完成国家运输任务的重要手段。

一、机车运用分析的基本任务

（1）把反映实际完成情况的指标与计划指标对比以表明计划的完成程度。

在分析计划执行情况时，应对促使计划超额完成的因素和影响计划未完成的因素做出准确地计算，以表明其影响程度。

（2）观察有关统计指标，研究现象之间的相互联系，以便认识事物间的因果、平衡关系。

综合研究反映机车各种状况的指标体系，分析一定时期内指标的变化情况。通过分析，指出先进部分与薄弱环节，挖掘潜力，促使经济合理地运用机车。

（3）连续比较同一事物不同时期的发展情况，从而研究其变化的特点和趋势。

在日常运输工作中随时观察机车运用指标的变化，逐班逐日进行分析，及时指出问题所在，提出改进措施和意见。

二、机车运用分析的主要内容

机车运用分析包括日常、定期（旬、月、季、年）和专题分析。

1. 日常分析

日常运用工作分析，是为了检查每日机车运用状况、及时发现问题、查明原因、采取解决措施、消除工作中的缺点和错误。发现先进事迹和个人，及时汇报领导进行表扬和鼓励。

日常分析主要是检查机车运用状况、列车运行图和机车周转图的执行情况。

（1）列车运行的安全正点（事故、机务运缓、晚点）等情况，机车乘务员超劳情况。

（2）机车日（班）计划周转图的执行兑现情况。

（3）运用指标（如机车日车公里、技术速度、日产量、平均牵引总重等）的完成情况和机车全周转时间各项因素的延长、缩短及其影响。

（4）机车小、辅修的计划兑现及回库情况，不能按时进车、交车的机车型号及原因，机车临修情况及原因。

（5）货物列车超（欠）重、单机走行、对开单机及列车机外停车情况。

（6）机车供应、整备作业及有关人员劳动纪律情况。

（7）包乘制机车打乱固定包车组情况及原因。

（8）机车周转图及有关原始记录的整理和报表的填写上报情况。

日常分析一般在交接班汇报会上进行。各级机车调度分别由各级主管领导主持交接班汇报会（专职分析人员也要参加），分析管内、各段、本班的机车运用工作情况。

2. 定期分析

定期分析为总结一个阶段的运输生产活动。旬、月、季、年终都要及时做定期分析，从中找出存在的问题，摸清工作发展中的规律，研究出改进工作措施和方法，用以指导机车运用工作。内容和日常分析相同，主要是：

（1）现有机车台数，客、货运机车指标，机车供应及机车周转图完成情况。

（2）各种机车总走行公里、总重吨公里、辅助走行公里及支配机车日车公里，客、货运机车技术速度及旅行速度完成情况。

（3）货物机车日车公里、日产量、平均牵引总重、全周转时间、超（欠）重及单机走行情况。

（4）机车月走行公里和段修平均走行公里、平均修车时间。

（5）机车小、辅修和保养情况。

（6）行车安全及运行正点情况。

（7）机车乘务员包车情况、劳动时间、工时利用和超劳情况等。

3. 专题分析

专题分析是深入研究某一专门性质的问题，或彻底查明某一工作环节的有效方法，从中找出实质性的原因和问题的发展规律，剖析存在的问题，提出建议性的改进方法。

分析项目应根据工作中所存在的问题，采取单独进行的步骤，针对不同薄弱环节单项专题剖析或根据领导指示进行。

三、机车运用分析的注意事项和方法

机车运用分析必须以丰富的统计资料为基础，在分析目的确定后，就要搜集和整理资料。

无日常的资料积累，只求临时搜集、突击整理，这样得来的资料难于全面、系统、正确地反映实际，通过分析所得的结论难免出现差错。另外，对统计资料的可靠性和可比性也要足够重视，要从指标间的相互关系和数值的合理性上进行审核。

积累资料的内容应满足各种分析的需要，主要有定期报表的资料、专门调查所得的资料以及必要的财务会计资料等。

统计分析方法根据分析项目和目的选用。分析方法主要有：分组分析法、平均分析法、对比分析法、动态分析法、因素分析法等。

四、主要运用指标的分析方法及提高措施

（一）机车全周转时间

压缩机车全周转时间是提高机车运用效率的前提，抓效率首先必须从抓全周转时间着手，努力压缩机车全周转时间（当然不是无限度的）。而要压缩全周转时间就应从组成全周转时间的因素开始，并从机报一中查出机车全周转时间的变化，找其规律分析原因，注意重点。

1. 机车旅行时间的变化

机车旅行时间的变化主要出于两种情况：一是机车纯运转时间长，这可能是机车运缓、事故、慢行，行人阻道或机外停车；二是中间站停留时间长，这可能是区间卸车、列车会让、小运转列车中途折返和机车中途换班等多种原因造成。

分析旅行时间对周转时间的影响还可以利用计算旅行速度的办法。

$$旅行速度 = 本务机走行公里 \div 本务机旅行时间$$

如果算出的旅行速度低于运行图规定的旅行速度，尽管由于日计划安排的车次不计晚点，而实际上已延长了机车全周转时间。

检查分析旅行速度时还要注意到：有时列车正点率很高，摘挂和扩货也影响不大，但旅时仍很长。遇到这种情况就应分析旅时长与旅时短各区段列车对数变化，如果旅时长的区段列车开行对数增大，将会使旅行时间增大和机车周转时间延长。

例如，甲—乙区段平均旅行时间为 4 h，而甲—丙区段平均旅行时间为 10 h，各开 10 对列车，则

$$丙—乙区段平均旅行时间 = 7.0\ h$$

如果甲—丙区段开行 15 对列车而甲—乙区段仍开行 10 对，则

$$丙—乙区段平均旅行时间 = 7.6\ h$$

由此可见，机车全周转时间延长了，但列车仍保持正点。

2. 自、外段及所在站停留时间的变化

机车全周转时间的长短与机车在自、外段及所在站停留时间成正比，即停留时间越长则机车的全周转时间亦长。因此，压缩在自、外段的停留时间，不仅要合理地配置段内各种技术设备，尽量采取流水和平行作业，更重要的是压缩非生产停留时间，比如调休、等待工作

和等待修活、不合理调整计划等。因此，在分析全周转时间时，还要注意检查机车非生产停留时间。

根据以上分析方法，日常应注意积累以下资料：

（1）掌握因机车晚到影响折返交路的延长时间。

（2）掌握乘务员在外段（折返段）调休或列车晚点中途等待换班延长的机车全周转时间。

（3）掌握机车周转方案的开行情况，临时停运或开行扩大货物限速列车延长的时间。

（4）掌握临修机车修复担任列车交路的时机，在编制日计划时要考虑临修机车非生产停留时间。

（5）掌握各区段车流的变化及因此而造成的机车周转距离和旅行时间对全周转时间的影响。

（6）掌握水害、事故，塌方所造成的列车运行秩序混乱而延长的机车全周转时间。

（二）机车日车公里

机车日车公里的高低和机车周转距离成正比，和全周转时间成反比。

机车日车公里完成的高低可由以下三个方面进行分析：

（1）从机车全周转时间分析。首先找出延长全周转时间的原因和浪费时间，而且还要把延长的时间换算成机车台日，即

$$延长机车全周转换算浪费机车台数 = 浪费全周转时间之和 \div 24$$

分析机车全周转这一项工作除每日检查机报以外，还要查阅列车运行图和机车周转图。

（2）经常注意各区段列车的开行变化，因为日车公里实际上是机车使用台数与周转距离之比，如果机车台数不变而周转距离越长则日车公里越高，反之将随而降低。

（3）要注意小运转列车的开行对数和沿零摘挂列车的增开与直货列车的比例变化。

在列车运行图基本图上直货与摘挂的小运转对数的比例是确定了的，但由于小运转列车和限速列车一般根据车流允许在日计划中安排加开，这一固有的运输组织规律直接影响机车日车公里的成绩。一般来说，加开小运转是从周转距离方面影响机车日车公里下降，而加开限速列车则从全周转时间方面影响机车日车公里。

因此，各级领导和编制日计划人员应注意：

（1）掌握影响机车交路和全周转时间的因素变化，减少和压缩全周转时间。

（2）控制和掌握摘挂限速列车开行的对数，减少和杜绝列车中途换班。

（3）编制日机车周转计划时，要认真按各区段供给机车系数编制，要保证完成月计划指标。修整计划时不应影响日计划指标，并应保证乘务员正常工作和休息。

（4）掌握小运转列车的开行对数占沿线走行公里中的比例。

（三）机车日产量

机车日产量也叫机车生产率，与机车全周转时间、机车日车公里和平均总重相比，它是一项更为重要的指标。根据机车使用效率的高低，必须从时间和牵引力的利用两方面来反映，

而日车公里和全周转时间只能反映出机车的运用效率和时间方面，平均总重只能反映机车牵引力的利用方面，只有日产量才能集中反映出机车的运用成绩，所以说机车日产量是机车运用效率的一项综合指标。

分析机车日产量，应注意以下几方面：

（1）从机车日车公里完成情况分析。因为机车日车公里与机车牵引列车走行的距离成正比，与机车使用台数成反比。

日车公里降低或走行公里减少、机车使用台数增多均直接影响机车日产量。

（2）从列车平均总重分析。列车平均总重是产生总重吨公里的主要因素，在距离相等的条件下，列车平均总重越多所生产的总重吨公里也就越多。

（3）从单机率分析。往往在日车公里和平均牵引总重都完成时，而机车日产量却低于计划。其原因多在于单机率的影响，因为单机走行公里直接影响机车日产量。

（4）从重联率分析。重联率的影响是由于双机牵引受到发线长度的限制而浪费机车的牵引力。

（四）机车平均牵引总重

机车平均牵引总重这项指标的分析方法与机车日产量是密切配合的。在分析机车日产量时，有些数据就要先分析出机车平均牵引总重后才能进行日产量的分析计算。分析机车平均牵引总重应从以下两个方面去找：

（1）列车超欠重。超重和欠重在列车运行中是常见的，但超欠的数量是不相等的，所以要两项折减，找出欠重的列车次数和吨数。

（2）分析不同牵引重量的区段列车对数的比例变化，也就是单机、双机、多机牵引的比例。因为机车平均牵引总重是本务机车公里与列车总重吨公里之比，但也要重视区段列车的平均牵引吨位。

运用工作分析必须加强日常调查，研究积累应有资料，深入生产第一线，摸清问题的实质，找出规律，提出改进措施，为提高机车各项运用指标而努力。

【项目小结】

机车的运用指标包括运用数量指标和运用质量指标以及机车运用分析，本项目概括地作了介绍。这些指标从各个不同的角度反映出机车运用工作的好坏，并且可以通过这些指标的比较，来检验各铁路局或各机务段的机车运用工作的质量，从而发现差距，找出问题，提出改进措施，使机车运用工作达到一个应有的水平。机车全周转时间、机车日车公里、机车日产量作为重点指标，应重点掌握其概念、计算方法和相互的联系。

【复习思考题】

1. 什么叫机车全周转时间？其组成因素有哪些？这些因素如何影响机车全周转时间？
2. 如何计算机车全周转时间？缩短机车全周转时间的主要措施有哪些？
3. 什么叫机车需要系数？如何计算？
4. 什么叫机车日车公里？货运机车日车公里如何计算？

5. 什么叫技术速度和旅行速度？计算时要注意什么？

6. 什么叫机车日产量？货运机车日产量如何计算？

7. 各机车运用质量指标如何反映机车运用效率？综合反映机车运用效率的指标是哪个？

8. 什么叫单机率？在机车运用中，为什么要严格限制开行单机？

9. 机车工作量和机车运用指标的相互关系是怎样的？

10. 某乘务机班担当 220 km 区段上的本务执乘任务，他们 10 点整从始发站出发，18:48 到达终点站。其中：在中间站纯停留时间为 2 h 12 min，调车作业又用去 54 min，行人挡道在区间停车 8 min，问该本务机的技术速度、旅行速度、速度系数各是多少？

11. 作为机车乘务员，在工作中应如何做才能保证机车运用各主要指标能更好地完成？

12. 工作实例：编制某机务段的机车周转图，并计算该机务段的主要运用指标。

参考文献

[1] 中华人民共和国铁道部. 铁路技术管理规程[M]. 北京：中国铁道出版社，2014.
[2] 中华人民共和国铁道部. 铁路机车运用管理规程[M]. 北京：中国铁道出版社，2015.
[3] 中华人民共和国铁道部. 机车操作规程[M]. 北京：中国铁道出版社，2013.
[4] 中华人民共和国铁道部. 铁路机车统计规则[M]. 北京：中国铁道出版社，2003.
[5] 中华人民共和国铁道部. 铁路行车事故处理规则[M]. 北京：中国铁道出版社，2000.
[6] 中华人民共和国铁道部. 铁路技术管理规程<普速铁路部分>条文说明[M]. 北京：中国铁道出版社，2014.
[7] 闫永革. 机车乘务员通用知识[M]. 北京：中国铁道出版社，2001.
[8] 杨志刚. 列车运行监控记录装置[M]. 北京：中国铁道出版社，1999.
[9] 中华人民共和国铁道行业标准. 车机联控标准 TB/T3059—2002. 北京：中国铁道出版社，2002.
[10] 吴严. 电力机车运用与规章[M]. 北京：中国铁道出版社，2003.